"教联"与
左翼教育运动

庞博　著

中共上海市委党史研究室　编

上海人民出版社

前　　言

　　20 世纪 30 年代以上海为中心蓬勃兴起的左翼文化运动,至今我们依然可以感受到它的巨大影响。这场文化运动声势浩大,以鲁迅为代表的左翼文化工作者,在文学、戏剧、电影、美术、音乐、出版、哲学社科理论等各个方面,均取得丰硕成果,不仅有力地回击了国民党文化"围剿",而且是中国共产党开始有组织、有纲领地领导文化思想战线斗争的一个标志,书写了中国共产党领导文化工作的辉煌一页。

　　中国共产党加强对文化工作的领导,既顺应了世界无产阶级左翼文化运动的时代潮流,也是出于团结广大左翼文化人、加强宣传工作的自身组织需求。这场运动涉及文化领域的方方面面,影响辐射于全国,以至海外。它以反帝反封建为主旨,主要秉承现实主义的文艺精神,反映底层民众的疾苦,传递社会呼唤公平正义之声,为兴盛于当时中国的社会主义思潮推波助澜,极大地推进了先进文化的大众化传播。就组织效果而言,左翼文化运动的成功发动与迅猛推进,有力地抨击了国民党的黑暗政治,使处于白色恐怖统治下的广大民众看到光明。

　　用政治学理论加以阐释,中国共产党领导的左翼文化运动对国民党文化统制的冲决,关涉到文化话语权与文化领导权的争夺,关系到国家民族的未来。如果着眼于统一战线的视角,这段历史还是年轻的中国共产党在文化领域实施统一战线的有效尝试。尽管受到从冒险主义到教条主义的两次"左"倾错误的干扰,党的文化工作者还是努力结合实际,特别是在获悉《八一宣言》精神后,迅速着手建立文化界的广泛的抗日统一战线,在这整个过程中所取得的成绩尤为难能可贵。

　　以左联成立为发轫的左翼文学运动,使大革命时期萌发的革命文学更进一步;更为重要的是,它代表着先进文化的前进方向,引领了中国新文化运动发展之路。正如左翼文化运动旗手鲁迅所指出的那样,"现在,在中国,无产阶级的革命的文艺运动,其实就是惟一的文艺运动。"(《黑暗中国的文艺界的现状》)毛泽东在《新民主主义论》中也高度评价:"由于中国政治生力军即中国无产阶级和中国共产党登上了中国的政治舞台",在文学、戏剧、电影、音乐、绘画以至雕刻等方面,"都有了极大的发展"。

左翼文化运动在文艺方面的突破,不仅体现在现实主义的内容拓展,更在于形式方面的积极探索。同时期,左翼文化人士对马克思主义经典著作与先进文艺作品进行了大量翻译,开展了中国社会性质问题的论战,不但加强了自身的理论建设,在社科领域激浊扬清,而且大大拓展了同国外左翼文化界的交流。此外,左翼文化运动还涉及语言学界、新闻出版界、教育界等诸多文化领域。左翼文化运动呈现出立体多面的气象,且取得丰硕的成果,令人称叹不已。

左翼文化运动在文化领域开辟了一个新的时代,给后人留下诸多启示。这其中,党如何成功地领导文化工作,特别值得我们汲取历史经验。为了加强对文化工作的领导,中共中央宣传部于1929年10月成立了中央文化工作委员会,翌年10月成立的中国左翼文化界总同盟(文总),又成为党领导左翼文化团体的有力抓手。而在左翼文化运动的具体展开过程中,先后成立的中国左翼作家联盟(左联)、中国社会科学家联盟(社联)、中国左翼美术家联盟(美联)、中国左翼戏剧家联盟(剧联)、中国左翼世界语联盟(语联)、中国左翼新闻记者联盟(记联)、左翼教育工作者联盟(教联)、电影小组、音乐小组等社团,以及活跃其中的党团组织,更是不啻为左翼文化运动的前沿战斗核心,其间蕴藏着政治智慧与精神力量。

为了深化中国共产党领导开展左翼文化运动的历史研究,进一步提炼党史国史的历史智慧,藉以资政育人、服务当代,中共上海市委党史研究室联手上海鲁迅纪念馆,组织开展了"上海左翼文化研究课题"的研究工作。从2014年至2016年先后出版了《"电影小组"与左翼电影运动》《"剧联"与左翼戏剧运动》《"左联"与左翼文学运动》《"美联"与左翼美术运动》《"文总"与左翼文化运动》。2021年出版了《"音乐小组"与左翼音乐运动》。近年,中共上海市委党史研究室又着力推进教联、记联、社联等各专题的研究工作。

　　"上海左翼文化研究课题"研究实现了党史职能部门与社会科研力量的整合,课题子项设置侧重分论各"联"与相关左翼文化运动的历史关联。如此课题设计,在有利于发挥相关研究者的学科专长,推进左翼文化的各个领域研究的同时,不免存在着切割历史的缺憾,而事实上,跨界发展在左翼文化人那里并非个案,各"联"的互动也值得进行历史钩沉。尽管存有不足之处,该课题对于深化各"联"的研究,仍具有相当的意义;系列成果的陆续推出,对于推进上海左翼文化研究当不无裨益。希望更多的有识之士向这段历史投以深邃的目光,我们热忱期待。

"上海左翼文化研究"丛书编委会

目 录
Contents

绪 论

Introduction

　　20 世纪 30 年代发生于上海的左翼文化运动，开启了无产阶级文化运动的壮丽篇章，也成为中国共产党在国统区领导革命斗争活动的重要组成部分。成立于 1932 年的中国左翼教育工作者联盟（"教联"），作为左翼文化团体的重要成员，为推进左翼文化运动奋勇拼搏，不少具备较高文化水平并活跃于教育领域的进步知识分子，在普及教育活动、提升大众素质上，进行了深刻实践，成为这一时期中国教育事业为数不多的亮点。

　　然而，在实际研究工作中，由于"教联"存在的时间较短（1932 年 4 月至 1936 年初，不足四年），组织的活动相比"左联""社联"等左翼文化团体较少，留存下来的历史资料更十分匮乏。不同于"左联""社联"等左翼文化团体在 20 世纪 30 年代的各类报纸杂志中留下的深刻痕迹，"教联"旗下并没有稳定出版的机关报刊，其成员也较少在各类公开出版物上发表文章。在留存下来的报刊资料中，"教联"的唯一痕迹，是一篇刊登在1932年4月25日《文艺新闻》上的报道，标题为《铲除没落的旧教育，研究建设新兴教育 中国新兴教育社正式立会 主张教育完全基于大众，教育劳动革命打成一片》。报道载明"教联"的成立时间为1932年4月17日，并概略介绍了"教联"的"成立宣言"，成立宣言的内容涉及对旧教育的批判、成立"教联"的宗旨及"教联"的主要任务等①。这一报道，曾以图片形式收录于中共上海市委党史资料征集委员会编著的《上海人民革命史画册》及李润波所著的《老报刊说党史》等书中。由于报道中提及的成立宣言完整文本始终没有"露面"，这篇报道也成为研究者了解"教联"成立之初情况的唯一史料。

2016年，在孔海珠所著的《"文总"与左翼文化运动》一书中，首次完整收录了"教联"刊登在1935年《文报》上的《中国新兴教育者联盟纲领草案》，即"教联"的第二份纲领。这份纲领产生的历史背景，是由于1935年7月，共产国际七大在莫斯科召开，提出要建立世界范围的反法西斯统一战线。中国共产党驻共产国际代表团根据共产国际七大精神，发布《为抗日救国告全体同胞书》（即《八一宣言》），号召中国各党派、各团体停止内战，联合起来共同抗日。此后，包括"教联""左联""社联"、中国左翼报人联盟、中国妇女运动大同盟及"文总"在内的左翼文化团体，根据中国共产党在新形势下提出的全新斗争策略，结合不同团体的任务与特点，对各自的纲领进行了相应的修订，使之更符合当时斗争的需求，体现了"左翼文化领导者在新的时代精神号召下的思考和胆略"②。同年10月25日，第十一期"文总"机关报——《文报》刊登了"教联"制定的新纲领——《中国新兴教育者联盟纲领草案》。这份史料，为研究1935年下旬后"教联"的发展情况，提供了重要参考。

学术界对"教联"和左翼教育运动的研究成果较少，未有一本专门涉

---

① 《铲除没落的旧教育，研究建设新兴教育 中国新兴教育社正式立会 主张教育完全基于大众，教育劳动革命打成一片》，《文艺新闻》1932年4月25日，第2版。

② 孔海珠：《"文总"与左翼文化运动》，上海人民出版社2016年版，第166页。

及"教联"或左翼教育运动的著作出版。在1988年第七期《上海党史资料通讯》中,刊载了由黄乃一撰写的《回忆三十年代上海"教联"》,成为国内较早回顾"教联"发展历史、总结"教联"工作经验的文章。本文基于黄乃一的个人经历和刘季平、徐明清、孙达生等"教联"成员所提供的史料,对"教联"的成立背景、筹备经过、组织概况、主要任务和活动进行了整理。更难能可贵的是,本文总结了"教联"活动数年间取得的主要成就和经验,认为"教联"在实践中汇聚、保护了党在国统区的组织力量,培养了一批进步青年和群众,并通过深化与陶行知的合作,为陶行知后来同中国共产党的紧密联系奠定了坚实基础①。此文让更多人关注到了"教联"在上海左翼文化运动和中国教育发展史中的应有地位,为深化对"教联"的研究打下了良好基础。

　　2007年,由中共上海市委党史研究室编著的《上海教师运动史(1919—1949)》一书,其中专章介绍了"教联"的诞生背景、发展历程和主要活动,成为近年来学术界对"教联"研究成果的集中体现。本章对"教联"成立初期的人员情况,杨贤江、陶行知等教育界人士与"教联"的关系,"教联"的撤销过程等问题进行介绍②。中共上海市委党史资料征集委员会、中共上海市委党史研究室、中共上海市委宣传部党史资料征集委员会编著的《上海革命文化史略》中,对"教联"的成立及其活动进行了简要介绍③;陶柏康、谭力在《中国共产党与左翼文化运动》一书中,以数百字的篇幅简述了"教联"成立纲领中的部分内容及"教联"主要活动④;韩洪泉所著的《中国共产党与上海抗战》,也简要提及"教联"。缺乏对"教联"发

① 黄乃一:《回忆三十年代上海"教联"》,中共上海市委党史资料征集委员会编:《上海党史资料通讯》1988年第7期,第1—9页。

② 中共上海市委党史研究室编著:《上海教师运动史(1919—1949)》,中共党史出版社2007年版,第64—74页。

③ 中共上海市委党史资料征集委员会、中共上海市委党史研究室、中共上海市委宣传部党史资料征集委员会编:《上海革命文化史略》,上海人民出版社1999年版,第233—235页。

④ 陶柏康、谭力:《中国共产党与左翼文化运动》,上海人民出版社2011年版,第65—66页。

展史的系统梳理,使得这一组织的发展全貌长期未被世人得见。

近年来,社会各界对上海左翼文化运动研究的重视程度显著提升,支持力度随之加大。此领域代表著作,即为"上海左翼文化研究"系列丛书,已先后出版《"电影小组"与左翼电影运动》《"剧联"与左翼戏剧运动》《"左联"与左翼文学运动》《"美联"与左翼美术运动》《"文总"与左翼文化运动》和《"音乐小组"与左翼音乐运动》。上述著作虽未过多着墨于"教联",但这些研究有助于我们了解左翼教育运动的兴起背景,为深化对左翼教育运动的研究提供重要学术借鉴。

对于"教联"组织活动的概况,主要见于一些亲历者的回忆录文献中。1984 年,由上海历史研究所教师运动组编著的《上海教师运动回忆录》中,收录了不少原"教联"成员的回忆文章。其中,原"教联"总务刘季平撰写的《教联的建立及其发展》一文,较为详细地回顾了"教联"成立背景及成立初期活动概况①,成为研究者探寻"教联"早期活动的重要参考文献。原"教联"常委徐明清撰写的《教联活动的回忆》一文,详细回忆了"教联"在晨更工学团和女工夜校等组织中开展的一系列活动,以及 1934 年至1935 年 4 月"教联"的组织和活动状况②,为后世了解"教联"如何在各类群众组织中开展教育活动和"教联"后期活动情况,提供了关键史料依据。曾任"教联"交通员的吴新稼在《教联和国难教育社活动片段》一文中,详细描述了他参与的秘密联络和飞行集会活动③,让研究者对"教联"的工作有了更为直观的认识。此外,在刘峰的《教联在量才补习学校的活动及学委、教委记略》、郑伯克的《文总三联和国难教育社的部分组织状况》、雍文涛的《教联和救国会活动的回忆》等文章中,作者均从自己的亲身经历出发,对涉及"教联"和左翼教育运动发展的某个方面进行论述。此后,徐

---

① 刘季平:《教联的建立及其发展》,上海历史研究所教师运动史组编:《上海教师运动回忆录》,上海人民出版社 1984 年版,第 6—12 页。

② 徐明清:《教联活动的回忆》,上海历史研究所教师运动史组编:《上海教师运动回忆录》,上海人民出版社 1984 年版,第 16—24 页。

③ 吴新稼:《教联和国难教育社活动片段》,上海历史研究所教师运动史组编:《上海教师运动回忆录》,上海人民出版社 1984 年版,第 27—36 页。

明清所著的《明清岁月——徐明清回忆录》、郑伯克所著的《白区工作的回顾与探讨——郑伯克回忆录》等回忆录,在原有回忆性文章的基础上,扩充相关史料,更为详实地记录了参与"教联"和左翼教育运动的工作经历。

2018年,由中共上海市委党史研究室编纂的《上海党史资料汇编》,除继续收录刊载于《上海教师运动回忆录》中的部分文章外,还更为全面地汇总了此前散落于各处的,由"教联"和左翼教育运动亲历者撰写的回忆性文章。在黄乃一撰写的《难忘的一年——忆在上海"教联"的战斗生涯》、张修撰写的《上海女工补习学校点滴回忆》、徐佩玲撰写的《沪东女工夜校的一些情况》等文章中,从不同的侧面回忆了"教联"组织的数次重大社会活动概况,对"教联"在女工学校中开展活动的细节等进行了详述。《上海党史资料汇编》的出版,为"教联"的研究提供极大便利,有利于在各类史料中发掘、汇总涉及"教联"活动的各种细节,让"教联"的形象更为立体、丰富。

这些回忆性文献的撰写者,均从自己的实际工作经历出发,对"教联"从事的教育和革命活动、"教联"的基本架构、"教联"领导和参加的各类教育组织等信息做了比较清晰的描述。在缺乏一手史料的情况下,这些回忆录和回忆性文章,为研究"教联"提供了重要史料支撑。不过,我们也必须注意到,由于回忆性文章往往有较强的主观性,且因年代久远,相关亲历者在事后追忆时难免出现记忆缺失或偏差,不同回忆录中甚至有互相矛盾的内容。这直接导致在"教联"研究中,一些关键细节长期存在模糊,对一些史实的记载甚至还存在偏差。

鉴于研究界对"教联"的认识长期存在不足,对"教联"的史料挖掘不足,本书旨在搜寻到更多涉及"教联"和左翼教育运动的原始档案资料,尽可能实现"回归历史现场、还原历史本貌"。在此基础上,结合已有研究成果,对各类历史档案、回忆性文献及研究成果进行进一步汇总、分析,指明、订正各类回忆录、研究文献中存在的误差,尽可能厘清左翼教育运动历史本貌。

本书以重要历史人物为线索,探究"教联"发展的全过程。由于涉及

"教联"的历史资料相对较少,本书从积极参加"教联"活动,并产生较大影响的社会知名人士入手,以探索"教联"发展全貌。如中国近代著名教育家、思想家陶行知先生,为推进我国教育事业的发展做出重大贡献。从相关史料中发现,陶行知先生同"教联"有着密切联系,他对"教联"活动与左翼教育运动发展起到积极作用。深入研究包括陶行知在内等知名人士与"教联"的联系,有利于我们深入认识"教联"及这一时期教育事业的发展。

本书将重点关注1932年4月至1936年初,以上海为中心的左翼教育运动开展状况。如通过探寻"教联"参与晨更工学团、山海工学团的具体运作,如何支持成立之初的新安旅行团等事例,使"教联"在中国近代教育事业发展中具有的独特价值得到更加明晰的展现。

左翼教育运动诞生的背景

教育的发展过程，不可避免地会受到来自政治、经济、文化等多方面的影响。20 世纪 20—30 年代，左翼文化在上海兴起，并迅速扩展至全国，带动了中国文化界思潮奔流，成为左翼教育运动诞生的重要背景。也正在此时期，随着马克思主义理论在中国的传播，马克思主义教育理论开始受到陈独秀、李大钊等早期中国共产党主要领导人的重视。以杨贤江为代表的进步教育人士，对马克思主义教育理论进行了深入探索，为推进左翼教育运动奠定坚实的理论基础。

第一节　左翼文化运动在上海兴起

众所周知，上海是中国左翼文化运动的发祥之地，众多进步人士也较早汇集与此。左翼文化运动因何与上海结缘？又因何出现在 20 世纪 20 至 30 年代的动荡时局中？看似偶然产生的现象，实质存在着深刻的历史原因。

各方政治势力在上海的汇集，让社会文化事业在此得到较早发展。1840 年后，帝国主义列强通过坚船利炮打开了中国国门。1845 年，上海出现租界。从最早的英租界，到后来出现的美租界、法租界、公共租界等，各方势力汇集上海。"租界"这种特殊政治格局于上海形成后，外国势力在其范围内享有的治外法权，相对安宁、平稳的生活环境，客观上为社会文化事业发展提供了一定空间。1868 年，上海出现了中国第一家博物馆——震旦博物院；1850 年 8 月 3 日，英国人奚安门（Henry Searman）创办了上海第一份报纸——《北华捷报》（North-China Herald）；1915 年 9 月 15 日，陈独秀在上海创刊的《青年杂志》，成为反对封建统治、宣传革命活动的中心刊物。此外，上海也是电影在中国的第一个落脚地，中国第一部有故事情节的短片、长故事片，第一批具有较大规模的电影公司及电影教育，均发源于此；在图书出版方面，包括江南制造局翻译馆、商务印书馆等具有较大影响力的出版机构，纷纷设于上海，至 20 世纪 30 年代，上海的出版物数量占据了全国出版物 60% 以上①。

较为稳定的社会环境，让上海对文化界知名人士有着极强吸引力。进入 20 世纪后，中国社会发生剧烈变化，清王朝的覆灭与民国政府的建立，并未带领中国社会进入平稳发展道路，反而一步步沦为半殖民地半封建社会。中央政局不稳，地方军阀混战，整个中国从南到北、从东到西，各地战火延绵，此起彼伏。在此环境下，大批在其他地区难以生存的文化界知名人士，不约而同地来到上海。在他们之中，既包括从原文化重镇北京辗转而来的鲁迅、林语堂等知名人士，也有从其他地区前来的戴平万等著名作家，不少从海外归国的文化界知名人士也纷纷落脚上海，包括从日本归国的茅盾、夏衍、彭康，从欧洲归国的巴金、成仿吾，从东南亚归国的洪

---

① 吴永贵：《民国出版史》，福建人民出版社 2011 年版，第 93 页。

灵菲等人。除他们外,上海本地也拥有大批文化界知名人士,他们有的出生于上海,也有早年来到上海、经各地辗转又再返回上海,其中杰出代表包括田汉、周扬、郁达夫等人。上海无疑成为当时中国的文化中心,更可谓是整个东亚地区的文化中心之一。

作为近代中国经济中心城市,上海地区较早出现了人数众多的工人群体。他们在政治、经济活动中受尽剥削,迫切需要在精神生活上排遣苦闷与不满,并有力表达自身政治诉求,而左翼文化正满足了他们的这一需求。在无产阶级作为新兴政治力量登上历史舞台后,他们直接与左翼文化人士身处同一政治立场,给予左翼文化运动宝贵支持,是左翼文化传播的重要受众。工人阶级的出现及他们同进步知识分子间形成的协作,为开展左翼文化运动提供了巨大动力。与此同时,"摇摆"于无产阶级和资产阶级的小资产阶级群体,面对这一深陷挣扎的乱世,他们以左翼文化为路径,宣泄着对各种外在束缚和打压的深切不满情绪,表达出对革命的热烈追求及一种乌托邦式的想象,同样成为这场运动的重要受众。

事实上,在政治立场上较为进步的左翼文化界,其内部在形成之初却并不团结。1928 年,郭沫若、成仿吾、冯乃超、李初梨、蒋光慈等人在《创造月刊》《文化批判》《太阳月刊》上,撰写了《英雄树》《从文学革命到革命文学》《怎样地建设革命文学》《关于革命文学》等文章,阐述关于无产阶级革命文学的基本理念。这些文章表达了积极政治主张,同时也显现出对中国社会现实缺乏深刻认识、对马克思主义理论生硬套用的倾向,一些文章甚至将批判的矛头直指鲁迅。同年 2 月 23 日,鲁迅撰写《"醉眼"中的朦胧》一文,后于 3 月 12 日发表在《语丝》周刊上。这场历时一年左右的涉及无产阶级文学的论争自此展开。

1921 年,中国共产党诞生于上海,为处于深重灾难的中国社会带来了光明和希望。中国共产党成立之时,即汇聚了一批活跃于文化领域的进步知识分子,他们较为深刻地认识到,进步文化对开展社会革命具有积极作用。1929 年 6 月,中共六届二中全会通过《宣传工作决议案》,要求中宣部完善组织结构,建立"文化工作委员会",以"指导全国高级的社会科学的团体、杂志及编辑公开发行的各种刊物书籍"①。发生于上海的"革命文学"论争,自然引起了包括周恩来在内的中共中央领导人的重视,他们深感应尽快结束这场论战,更好整合左翼文化界力量。党对左翼文化人士的积极团结和引领,直接促成了左翼文化运动的形成与发展。

1929年10月,为更好联合左翼文化界力量,由中共中央宣传部领导的中共中央文化工作委员会("文委")在上海成立。潘汉年任书记,吴黎平、李一氓、朱镜我、王学文、冯乃超、杜国庠、彭康、杨贤江、彭芮生、孟超②任委员。"文委"成立后,摆在眼前的首要任务,就是同中共江苏省委一道,中止这场愈演愈烈的无产阶级文学论争,组织革命文化队伍。李立三在取得中央政治局的一致意见后,同创造社、太阳社和鲁迅方面开展积极沟通和协调③,亲自向"文委"委员、中央宣传部干事吴黎平提出三点要求:"一是文化工作者需要团结一致,共同对敌,自己内部不应该争吵不休;二是我们有的同志攻击鲁迅是不对的,要尊重鲁迅,团结在鲁迅的旗帜下;三是要团结左翼文艺界、文化界的同志,准备成立革命的群众组织。"④此后,中共江苏省委宣传部部长李富春、"文委"书记潘汉年先后同阳翰笙、冯乃超、阿英等人进行直接沟通,要求立即停止论争,遵从党的指示积极团结鲁迅。冯雪峰、夏衍、冯乃超一起拜访了鲁迅,转达党的指示精神,鲁迅也对此前的事表示谅解⑤,形成了文化界应联合起来的重要共识。

---

① 《宣传工作决议案》(1929年6月25日),中央档案馆编:《中共中央文件选集》第5册,中共中央党校出版社1990年版,第273页。

② 张广海:《左联筹建与组织系统考论》,浙江大学出版社2018年版,第106页。

③ 一些回忆录和学术著作中认为是在周恩来的指示下"革命文学论争"得以终止,但王锡荣基于大量原始资料考证,认为李立三作为中共中央主要领导人和文化工作负责人,才是制止此次论争的关键人物。参见王锡荣:《"左联"研究的六个陷阱》,《文汇报》2016年3月7日。

④ 吴黎平:《长念文苑战旗红》,中国社会科学院文学研究所《左联回忆录》编辑组编:《左联回忆录》(上),中国社会科学出版社1982年版,第75页。

⑤ 参见中共上海市委党史研究室编:《1921—1933:中共中央在上海》,中共党史出版社2006年版,第304—305页。

在平息论争的基础上,"文委"书记潘汉年对冯雪峰提出,党中央希望创造社、太阳社和鲁迅及其影响下的人们联合起来,以这三方面力量为基础,成立一个革命文学团体①。几经商议并充分酝酿后,他们一致同意建立"左翼作家联盟"这一革命文学团体。1930 年 3 月 2 日,中国左翼作家联盟("左联")在上海正式成立,标志着中国共产党对中国文化运动的领导进入新阶段。

为更好推进、开展左翼文化运动,自"左联"成立后至 1932 年 4 月,分别成立了中国左翼社会科学家联盟("社联")、中国左翼美术家联盟("美联")、中国左翼戏剧家联盟("剧联")、中国左翼世界语者联盟("语联")和中国左翼记者联盟("记联")。它们活跃于文学、戏剧、美术等领域,活动贯穿整个左翼文化运动,成为这场光明与黑暗、进步与落后斗争的前沿战斗核心。1930 年 10 月②,左翼文化总同盟("文总")成立,潘汉年担任首任党团书记。"文总"的成立,标志着中国共产党在文化战线上建立起较为完善的组织系统,有利于左翼文化界力量更好地团结在中国共产党的领导下,形成一支浩浩荡荡、坚不可摧的文化生力军。

第二节　马克思主义教育理论的传入

一、马克思主义教育理论的主要内容

马克思、恩格斯在对无产阶级革命理论与实践的探索中,形成了马克思主义理论体系,其中也涉及关于教育本质属性等问题的论述,为后世教育理论的发展奠定坚实基础。列宁在推动俄国无产阶级革命和无产

---

① 冯夏熊:《冯雪峰谈左联》,《新文学史料》1980 年第 1 期,第 4 页。
② 对"文总"成立的具体实践存在诸多争论,孔海珠通过大量史料的分析和历史亲历者的采访,认为"文总"成立时间应在 1930 年 10 月。参见《"文总"与左翼文化运动》,第 24—25 页。

阶级专政时期,对教育问题进行深入探索,丰富了马克思主义教育理论。马克思主义教育理论具有高度的科学性和革命性,对教育问题的研究提供了辩证唯物主义和历史唯物主义的方法论基础,主要内容包括以下五方面:

第一,关于教育的本质。马克思、恩格斯从生产力与生产关系、经济基础与上层建筑角度出发,论证了教育属于上层建筑,具备明显的阶级性,只能服务于特定的阶级或经济基础。由此,教育的发展也必然受社会物质资料生产方式制约,其性质也由占统治地位的社会关系决定,科学阐明了教育的性质、作用及历史性、阶级性等问题。马克思、恩格斯在《共产党宣言》中,直接回应了资产阶级的种种责难,指出:"你们的教育不也是由社会决定的吗? 不也是由你们进行教育时所处的那种社会关系决定的吗? 不也是由社会通过学校等进行的直接的或间接的干涉决定的吗? 共产党人并没有发明社会对教育的作用;他们仅仅是要改变这种作用的性质,要使教育摆脱统治阶级的影响。"①揭露了资产阶级教育的实质,批驳了否认社会对教育决定作用的教育生物起源说。列宁也深刻揭示了教育的阶级性,强调开展无产阶级教育活动的目的,必须是为无产阶级革命和社会主义建设服务。在无产阶级取得政权后,应该"把学校由资产阶级的阶级统治工具变为摧毁这种统治和完全消灭社会阶级划分的工具"②,培养为共产主义事业奋斗的新人。

第二,关于对资产阶级教育的批判。马克思、恩格斯认为资产阶级教育的本质在于维护资产阶级利益,他们在支配着物质生产资料的阶级的同时,也支配着精神生产资料。正如马克思在《哥达纲领批判》中,戳穿了在资本主义制度前提下,实施"平等的国民教育""普遍的义务教育""免费教育"的谎言,认为"平等的国民教育? ……是不是以为在现代社会中(而

---

① 卡尔·马克思、弗里德里希·恩格斯:《共产党宣言》,《马克思恩格斯选集》第 1 卷,人民出版社 2012 年版,第 418 页。
② 《俄共(布)纲领草案》(1919 年 2 月),《列宁选集》第 3 卷,人民出版社 2012 年版,第 744 页。

所谈到的只能是现代社会）教育对一切资产阶级都可以是平等的呢？或者是要求用强制的方式使上层阶级也降到国民学校这种很低的教育水平，即降到仅仅适合于雇佣工人甚至农民的经济状况的教育水平呢？"①恩格斯也对普鲁士政府推行的思想垄断进行深刻批判："在这里，一切信息的来源都在政府控制之下，从贫民学校、主日学校以至报纸和大学，没有事先得到许可，什么也不能说，不能教，不能印刷，不能发表。"②

第三，关于如何对无产阶级进行教育。马克思、恩格斯制定了无产阶级在教育领域的斗争纲领，对无产阶级夺取政权后如何发展教育进行了构想。马克思、恩格斯在《共产党宣言》中指出，要"对所有儿童实行公共的和免费的教育。取消现在这种形式的儿童的工厂劳动"③。在《法兰西内战》中，马克思再次强调，无产阶级夺取政权后，"一切教育机构对人民免费开放，完全不受到教会和国家的干涉。这样，不但人人都能受教育，而且科学也摆脱了阶级偏见和政府权力的桎梏"。④

第四，关于教育与生产活动相结合。马克思、恩格斯在《共产党宣言》中直言，必须"把教育同物质生产结合起来"⑤。恩格斯在《共产主义原理》中也指出，要发展工农业，使他们提高到能满足社会全体成员需要的水平，"单靠机械的和化学的辅助工具是不够的，还必须相应地发展运用这些工具的人的能力"⑥，"教育将使年轻人能够很快熟悉整个生产系统……摆脱现在这种分工给每个人造成的片面性"⑦。从发展社会生产，提高生产力的角度而言，教育必不可少。列宁同样认为，劳动者只有掌握文化科学知识，才能担当起经济建设的重任。

---

① 卡尔·马克思：《哥达纲领批判》，《马克思恩格斯选集》第 3 卷，人民出版社 2012 年版，第 375 页。
② 弗里德里希·恩格斯：《德国的革命和反革命》，《马克思恩格斯选集》第 1 卷，第 576 页。
③⑤ 《共产党宣言》，第 422 页。
④ 卡尔·马克思：《法兰西内战》，《马克思恩格斯选集》第 3 卷，第 99 页。
⑥ 弗里德里希·恩格斯：《共产主义原理》，《马克思恩格斯选集》第 1 卷，第 307 页。
⑦ 同上书，第 308 页。

第五，关于教育对人的全面发展的作用。马克思、恩格斯认为，教育是造就人的全面发展重要途径，对人的全面发展起到关键影响作用。但他们同时强调，唯有消除、摆脱劳动对人的剥削，工人阶级真正成为社会和生产的主人时，这种全面发展的教育才得以可能实现，正如在《共产党宣言》中所强调的那样："代替那存在着阶级和阶级对立的资产阶级旧社会的，将是这样一个联合体，在那里，每个人的自由发展是一切人的自由发展的条件。"①

二、陈独秀、李大钊的教育思想与中国共产党早期教育纲领

五四运动后，马克思主义在中国得到了广泛传播，众多进步知识分子以发表演讲、撰写文章等途径，扩大马克思主义在中国的影响。在教育领域，一批进步知识分子也接受了马克思主义理论，自觉从无产阶级的立场和观点出发阐释教育现象，开展对教育问题的思考。陈独秀、李大钊等党的早期领导人，即是其中突出代表。

陈独秀作为中国共产党的主要创始人和早期主要领导人，长期关注中国教育事业发展。在他看来，教育"自狭义言之，乃学校师弟之所授受；自广义言之，凡伟人大哲之所遗传，书籍报章之所论列，家庭之所教导，交游娱乐之所观感，皆教育也"②。无论是广义的教育或是狭义的教育，既受制于政治、经济发展，也能成为社会进步的重要推动力。陈独秀强调"必须使教育与社会密接"③，只有"学术与社会合，方是活学术……教育与社会打成一片，教育效力才会宏博"④。作为开展教育活动的主要场所，学校也应打破此前存在的壁垒，为社会大众提供更多的就读机会，"使社会

---

① 《共产党宣言》，第 422 页。
② 陈独秀：《今日教育之方针》(1915 年 10 月 15 日)，《陈独秀文章选编》上册，生活·读书·新知三联书店 1984 年版，第 84 页。
③ 陈独秀：《教育与社会——在广东省教育会的演讲》(1921 年 1 月 20 日)，《陈独秀文章选编》中册，生活·读书·新知三联书店 1984 年版，第 100 页。
④ 同上书，第 101 页。

上人人都能享用……造成社会化的学校,学校化的社会"①。针对中国教育的未来发展,陈独秀明确提出,资本主义社会并不能成为教育发展的理想环境,而要"用社会主义来发展教育……免得走欧、美、日本的错路"②。

李大钊作为中国共产主义运动的先驱和伟大的马克思主义者,同样对教育问题进行了思考。李大钊认为,教育在本质上属于社会上层建筑领域,由于在阶级社会,上层建筑具有明确的阶级属性,导致教育活动实际上也具有阶级性。他主张用社会教育、学校教育的手段,广泛传播马克思主义理论和科学文化知识,进而以此形式发动民众力量,共同推翻腐朽的统治阶级,开展社会改造运动。但李大钊也认识到,在旧中国的社会条件下,仅仅通过教育途径彻底改造社会是不可能实现的,以革命实践破除旧的社会生产关系,改变社会经济基础,才是提升无产阶级社会地位的根本途径。在谈及劳工群体受教育问题时,李大钊主张设立劳工夜校、半日学校等业余教育机构,实现理论学习、实践劳动的结合,以及工人群体、知识分子的交流与融合,认为"要想把现代的新文明,从根底输到社会里面,非把智识阶级与劳工阶级打成一气不可"③。

中国共产党在马克思主义教育理论上的探索,也通过党的政治纲领形式表达出来。1921 年 7 月,党的一大通过《中国共产党第一个决议》,提出党应该通过成立"劳工补习学校""劳动组织讲习所"等机构,对工人开展的教育和宣传活动,向工人灌输阶级斗争精神;1922 年 7 月,党的二大更直接提出要"改良教育制度,实行教育普及"④。1922 年 5 月,作为

① 陈独秀:《新教育是什么?——在广东高师演讲词》(1921 年 1 月 2 日),《陈独秀文章选编》上册,第 79 页。

② 陈独秀:《致罗素、张东荪的信——关于社会主义的讨论》(1920 年 12 月 1 日),《陈独秀文章选编》中册,第 52 页。

③ 李大钊:《青年与农村》(1919 年 2 月 20 日—23 日),《李大钊全集》编委会编:《李大钊全集》,河北教育出版社 1999 年版,第 179 页。

④ 《中国共产党第二次全国代表大会宣言》(1922 年 7 月),中共中央文献研究室、中央档案馆编:《建党以来重要文献选编(1921—1949)》第 1 册,中央文献出版社 2011 年版,第 134 页。

中国共产党领导下由先进青年组成的群众组织,中国社会主义青年团在第一次全国代表大会上,通过了《中国社会主义青年团纲领》,其中规定,青年团在青年教育中要完成社会教育、政治教育、学校教育三方面任务,在学校教育问题上提出应"改革学校制度,使一般贫苦青年得受初步的科学教育,并极力运动建设普遍的义务教育和学生参加一切学务管理。取消宗教关系、地方关系及一切不平等的待遇"①。这一时期,中国共产党在教育方面提出的诸多纲领性目标,体现了马克思主义教育理论的思想要旨,成为反帝反封建的新民主主义革命纲领于教育领域的重要体现。

第三节 杨贤江与《新教育大纲》

在早期马克思主义者对于马克思主义教育理论探索的过程中,曾任南京高等师范学校教师、商务印书馆《学生杂志》编辑的杨贤江,成为其中突出代表。作为中国共产党成立初期卓越的马克思主义理论家、教育家,他不仅在严峻环境中为翻译、研究马克思主义理论做出巨大贡献,更为传播马克思主义教育理论、开辟中国无产阶级教育理论体系立下特殊功劳。

一、杨贤江生平及主要活动

杨贤江,字英甫(英父),笔名李浩吾、柳岛生、叶公仆、直夫、耕牛、李谊等,1895 年生于浙江宁波余姚县云和乡(今慈溪市长河镇)。他出身农村裁缝家庭,有弟妹五人,家道艰难,自幼聪明用功、勤思好问。1911 年冬,毕业于诚意高等小学堂,次年秋考入浙江省立第一师范学校。1917年,以优异成绩毕业,于同年秋来到南京高等师范学校,先后担任学监

---

① 《中国社会主义青年团第一次全国代表大会文件》(1922 年 5 月),《建党以来重要文献选编(1921—1949)》第 1 册,第 75 页。

处事务员、教育科职员等职务。他深入学生中间,工作踏实刻苦,得到师生的尊敬。工作之余,也积极投入英文学习,参加商务印书馆附设英文科的进修,翻译多篇外国教育论文,显示出在教育理论研究领域的独特天赋。

1918 年,杨贤江通过他在南京高等师范学校的学生恽代贤的介绍,与此时仍在武汉大学读书的恽代英建立了联系。他们通过书信等形式,讨论社会发展与个人在其中作用等问题。次年,他们共同参加了由李大钊组织的少年中国学会,杨贤江任南京分会书记,负责编辑分会会刊《少年世界》。参与少年中国学会的活动后,杨贤江在思想上更加活跃,视野更加开阔,为此后投入革命工作和深化理论研究,奠定了坚实基础。

1920 年 9 月,杨贤江受聘至广东高要(今肇庆)师范补习所担任教务主任一职,讲授教育学、教育史、心理学、伦理学四门课程。抵达当地后,由于粤桂军阀混战,学校无法开课,他被迫返回余姚。1921 年 2 月,他前往上海商务印书馆编译所工作,担任《学生杂志》编辑,后成为实际上的主编。此时的杨贤江正经历思想上巨大变化,他认为《学生杂志》是教育青年学生的重要阵地,应该通过此类书报杂志发挥积极的教育功能。他决心要顺应革命洪流,用进步思想教育青年学生,带领更多人投入反帝反封建的革命斗争中。

积极的思想转变,让杨贤江在政治上做出明确选择。1921 年,他加入中国社会主义青年团,次年 5 月加入中国共产党,任上海地委执行委员。在第一次国共合作背景下,他根据党的决定加入中国国民党,成为国民党上海特别市党部执行委员、常委、青年部部长。在此期间,他以《学生杂志》编辑身份为掩护,承担党中央和各地党组织的联络工作,协助张秋人、宣中华等人前往宁波等地,开展多项党团活动。1925 年五卅运动后,他与沈雁冰等三十多人共同发起"上海教职员救国同志会",积极开展反帝救国宣传,并兼任上海学生联合会主席,领导学生运动。1927 年,杨贤江参加上海三次工人起义,迎接北伐军进城,上海临时市政府筹建等工作,还代表国民党上海特别市党部,主持了上海市政府就职典礼。四一二反革命政变后,杨贤江被列入全国197名"应先看管"共产党员名单中,后被迫转移至武汉,担任《革命军日报》社长一职。此后,杨贤江一度秘密返回上海,坚持开展地下斗争活动。

1927年冬,在党组织的安排下,他暂时避居日本,其间继续从事对马克思主义理论的研究与翻译工作。留日时期,他成为中国留学生党组织的负责人。1929年6月,杨贤江秘密返回上海后不久,"文委"正式成立,他也参与到对这一组织的领导工作中。其间,筹备组建"社联"成为杨贤江的工作重心,为制定"社联"纲领、拓展"社联"组织等方面做出卓越贡献。在投身左翼文化运动期间,他坚持用笔战斗,先后翻译了恩格斯的《家庭、私有财产及国家之起源》①,日本学者上田茂树的《世界史纲》及其姊妹篇《今日之世界》,日本教育家山下德治的《新兴俄国之教育》,苏联教育家平科维奇的《苏维埃共和国新教育》,美国教育学家斯坦利·霍尔的《青年期的心理与教育》等著作,完成了《教育史ABC》《中国教育状况的批评》《新教育大纲》等论著,为深化马克思主义教育理论研究做出卓越贡献。

长期在艰苦条件下的生活与工作,使杨贤江积劳成疾。1931年7月,因病情恶化,杨贤江在党组织安排下赴日就医。8月9日,他不幸于长崎病逝,年仅36岁。杨贤江把自己的一生献给了革命事业,他以马克思主义教育理论为武器,批判了资产阶级教育思想和改良主义教育思想。他成为中国系统介绍马克思主义教育学说第一人,对社会主义教育原则等问题做了明晰介绍,深入分析了中国教育问题,为此后中国教育学科的发展奠定了坚实基础。

二、《新教育大纲》对马克思主义教育理论的探索

杨贤江作为我国早期马克思主义教育家,极力推崇马克思主义教育

---

① 即《家庭、私有制和国家的起源》。

学说,他从历史唯物主义的角度,批评了当时流行的"教育万能论""先教育后革命""教育清高"和"教育独立"等观点。《新教育大纲》是他一生中最为重要也最具知名度的代表作,出版于 1930 年 2 月,作者署名为"李浩吾"。全书共三章、十二节,对教育起源及本质、教育的特性与作用、青年教育事业和教师工作进行了详细阐述。《新教育大纲》集中反映了杨贤江的马克思主义教育理论思想,书中提出了诸多新观点:

其一,杨贤江科学阐述了教育活动的本质。在《新教育大纲》开篇首段,杨贤江对教育进行了直截了当的定义:教育"为'观念形态的劳动领域之一',即社会的上层建筑之一"①。他从唯物史观角度出发,认为教育在起源时"只是一件'日用品',是与社会的生活过程、物质的生产关系有密切联系的;而且是以这种现实的社会经济生活为基础的,只要是现实的经济关系变了,它是必然地跟着变的"②。当阶级社会出现之时,教育活动同样会显现其阶级性。

其二,杨贤江深入阐明了教育的功能及教育与革命的关系。在他看来,教育和政治、经济的发展有着密不可分的联系,它与政治和经济状态相适应。把教育的功效预计过高或过低,往往会把教育与社会相对立起来。在当时中国社会条件下,幻想仅通过教育便可改造社会,不仅难以实现,更对开展革命事业具有负面影响。在《新教育大纲》中,杨贤江批判了当时社会中有一定影响力的"教育万能说""教育救国说"和"先教育后革命说"。认为教育"就是可以作为革命的武器之一"③,但在革命任务完成后,"教育的责任是在教导民众,训练民众,以拥护这一政权,巩固这一政权……教育是保卫政权并促进政权的一种机能"④。

其三,杨贤江批判了资本主义社会的教育活动,对共产主义社会如何

① 杨贤江:《新教育大纲》,中央教育科学研究所、厦门大学合编:《杨贤江教育文集》,教育科学出版社 1982 年版,第 412 页。
② 同上书,第 413 页。
③ 同上书,第 469 页。
④ 同上书,第 470 页。

开展教育活动进行了初步设想。他批判了包括"劳动化、生活化""科学化""平民化、社会化""中立化、公平化""国际化、和平化"等赞扬资本主义教育的论调,认为这些观点无非要把资本主义社会开展的教育活动,说成是"全民的""进步的"教育活动,掩盖其阶级属性和为资产阶级服务的实质。在他看来,资本主义教育"就是想一方面给与教育的最低限度,而在别方面榨取劳动的最大限度,借为联结教育与劳动的代价。实在资产阶级的一切教育制度,都是要想用最小的耗费以得最大的成效的"①,对大众的教育"只不过是生产所要求的最低限度的文字读写,再不会超过这个程度了"②。根据人类社会发展规律,杨贤江相信社会主义社会③将继资本主义社会而起,并认为在"普罗列塔利亚专政期内的教育……也是阶级的。所不同者,这时期的教育权和政权一起不在资本家手中,而在普罗列塔利亚手中"④。

其四,杨贤江对教师的阶级属性问题进行了全新分析。他通过对教师在生产关系中所处地位的分析,指出在当时社会条件下,教师只能从事机械的教育工作,而他们"并没有生产手段,除单靠出卖劳动力以维持生活外,别无法想"⑤,教师"除受雇于国家所营的学校工厂,依据国家所规定的机器以制造定型的出品以外,不能有其他的生活方法"⑥。由此种种,使得教师"和其他劳动者一样,同为受人的支配而生存……和其他劳动者一样终于脱离不掉被支配者的地位"⑦。认为教师本质上是被雇佣的劳动者,他们是工人阶级的重要组成部分,也是开展革命运动的重要依

①② 杨贤江:《新教育大纲》,中央教育科学研究所、厦门大学合编:《杨贤江教育文集》,教育科学出版社1982年版,第510页。

③ 这里所说的社会主义社会,实际上指的是共产主义社会。而由资本主义向社会主义过渡时期,杨贤江将其称为普罗列塔利亚(法语 prolétariat 音译,即无产阶级)专政时期。

④ 《新教育大纲》,《杨贤江教育文集》,第532页。

⑤ 同上书,第559页。

⑥ 同上书,第560页。

⑦ 同上书,第557页。

靠力量。

其五,杨贤江论述了教师群体进行结社运动的可能性和必要性。他认为,在严峻的社会环境下,教师群体若希望尽到自己的责任,绝不能仅凭个体的、分散的力量来开展活动,而只有"把自己这一集团的力量完全积聚起来,形成一种社会势力,一方为保障自己的利益,他方也为尽力于社会变革的工作"①,才能"争取彻底的民主主义,获得批判的自由与生活的安定"②,实现教师"从讲坛上解放,向着社会民众走去,参加甚或领导社会民众运动"③的历史重任。这一观点为此后一系列教师社团的形成提供了重要理论支持。

《新教育大纲》对中国教育事业进行了深入分析,成为早期中国教育家探索马克思主义教育理论的代表性著作。此书不仅启发了教育工作者如何有效开展为大众服务的教育活动,更对全国进步学生和广大青年产生深远影响。白色恐怖统治下,此类进步书籍不可避免地为国民党当局所查禁,但《新教育大纲》仍取得可观的发行量。此书于1930年2月初版印刷,9月即重版。此后,它随着革命者的足迹前往各地,在中央苏区和抗日根据地的师范学校,以及"教联"等左翼教育团体中,均将《新教育大纲》作为重要读物,为哺育一代又一代的无产阶级教育工作者做出卓越贡献。正如夏衍在回忆杨贤江的文章中写道:"记得去秋在香港《文汇报》上看见有一位读者登报征求李浩吾著的所有著作,我便从旧书摊上买了这本书送他,而这位不知道李浩吾就是杨贤江的读者回信告诉我说:要没有这本书的启发,他是不可能下决心献身于教育事业的。"④

虽因时代局限,《新教育大纲》中一些论述仍需完善,但瑕不掩瑜,此书对马克思主义教育理论在中国的传播,对中国教育学理论和教育学科的发展,无疑具有里程碑式的意义。

---

① 《新教育大纲》,《杨贤江教育文集》,第556页。
② 同上书,第565页。
③ 同上书,第555页。
④ 袁鹰、姜德明编:《夏衍全集》文学(下),浙江文艺出版社2005年版,第320页。

第二章

"教联"的筹建与组织架构

在领导国统区的革命斗争实践中,中国共产党深刻认识到,积极团结来自教育界的力量,不仅能汇聚更广泛的革命力量,更能以教育活动为途径,加大政治宣传力度,扩大党的影响。1932 年 4 月 17 日,经前期严密筹备,"教联"在上海正式成立,随即颁布了纲领与章程。此后一段时间,"教联"致力于以完善领导架构、拓展组织规模为途径,提升社会影响,成为左翼文化运动中一股不可忽视的力量。

第一节　"教联"筹备过程

1927 年,蒋介石、汪精卫等人先后叛变革命,逮捕、屠杀共产党员和革命群众,第一次国共合作宣告失败,代表地主阶级和买办资产阶级利益的国民党,限制人民合法权利,压制百姓声音。

教师是科学文化知识的传播者,对促进社会进步具有特殊意义。教师群体的权益,理应得到妥善保护。但 1929 年国民党当局颁布的《工会法》却明文规定:"国家行政、交通、军事工业、国营产业、教育等业,公用事业各种机关之职员及雇佣员役,不得援用本法,组织工会。"①以法律形式剥夺了教职工组成行业工会、维护自身权益的权利。对已成立教师团体而言,更是遭受到全面查禁的灭顶之灾。

对教职员群体而言,他们需要有相应的途径反映呼声,维护自身权利。如通过发表《江苏省学校向政府社会表白的宣言》②,教职员群体以联合宣言形式,将他们面临的困境直言不讳地表达了出来:

> 小学教员月薪仅十余元乃至二十余元,终岁劳劬,至不足以养父母妻子。中学职员,小则二十元,至多八十元;根据行政院规定预算,甲等中学之教务主任月俸八十元,不及行政机关一书记;教课每小时月俸至多七元。一国文教员须教授学生三班,每周改卷百三四十本,始可得百二十元,不及县市政府之科员,……今社会视教员为雇工,官厅视校长为属僚,不但无所保障,抑且横加侮辱,旁观者非高其调曰纯牺牲,即鄙其人曰穷酸鬼。③

窘迫的生存状况,让教职员急需成立属于自己的团体,更好为教职工利益发声。九一八事变后,包括"教师反帝大同盟"在内的群众组织开展积极活动④。广大教师群体不仅愤怒于自身权利难以得到保障,更为中

---

① 中国第二历史档案馆编:《中华民国史档案资料汇编》第 5 辑·第 1 编·政治(三),江苏古籍出版社 1994 年版,第 95 页。

② 1927 年,南京国民政府组建上海特别市。由于江苏省在上海特别市行政区划方案上与中央政府存在利益分歧,中央政府制定的上海特别市方案未能如期实施,上海特别市实际辖区仍只有原上海县和宝山县的 17 个市、乡。固当时以江苏省所代表的学校包括上海在内的情况。

③ 《中国教育状况的批评》,《杨贤江教育文集》,第 299—300 页。

④ 帅孟奇:《三十年代初江苏省委沪西区委活动片断》,中共上海市委党史研究室编:《上海党史资料汇编》第二编(上),上海书店出版社 2018 年版,第 211 页。

国教育的发展而感到深刻担忧。受动荡政治时局影响,中国教育事业停滞不前,发展基础十分薄弱。据统计,当时每年能得到中等学历的人数,仅为 10 万左右;到 1936 年,全国共建成中等学校 3 264 所,其中公立 2 064 所,私立 1 200 所;在校学生人数共计 627 246 人,其中公立学校 352 445 人、私立学校 274 801 人。作为社会教育层次的高等教育,也最受到一定社会的政治、经济、文化等条件的影响和制约。至 1936 年,全国共建成大学 42 所,其中国立大学 13 所、省立大学 9 所、私立大学 20 所;专科学校 30 所,其中国立专科学校 8 所、省立专科学校 11 所、私立专科学校 11 所。接受高等教育的学生总数为 29 416 人,其中本科生 28 530 人、专科生 886 人。1935 年,在一份官方编制的 28 个国家高等教育对比表内,中国排名末位①。而在广大农村地区,学校的开设和存续更是极为艰难,文盲和半文盲占据当地人口中的相当比率。

在此环境下,建立一个于教育领域活动的团体,维护教师群体利益,发展中国教育事业、提升国民素质,由此提上议程。在"文委"领导下,中国左翼作家联盟("左联")、中国社会科学家联盟("社联")、中国左翼美术家联盟("美联")、中国左翼戏剧家联盟("剧联")、中国左翼世界语者联盟("语联")和中国左翼新闻记者联盟("记联")等左翼文化团体先后形成,左翼文化总同盟("文总")也于 1930 年 10 月成立。左翼文化战线已初具规模。在"文总"的成立准备会上,也提及未来计划成立左翼教育家联盟的初步设想:

> 首先讨论左翼文化力量统一的问题,各代表皆有热烈讨论。其次讨论该同盟包括范围问题,决定不仅社会科学,文艺团体及教育家联盟,自然科学家联盟等的团体可以参加,为将革命工作深入大众起见,凡属专门家以外之中学生读书会也非使其加入不可。②

---

① 中国第二历史档案馆编:《中华民国档案资料汇编》第 5 辑·第 1 编·教育(一),江苏古籍出版社 1994 年版,第 519、297、243—244、363—364 页。

② 《左翼文化总同盟成立准备会》,史先民编:《中国社会科学家联盟资料选编》,中国展望出版社 1986 年版,第 67 页。

此时虽尚未形成左翼教育界组织，但左翼文化运动领导人已认识到此类组织的重要性。在上海指挥、参与左翼文化运动的瞿秋白，在1931年末①为"文委"所拟的指示性文件《苏维埃的文化革命》中，就已经为还未正式成立的"教联"，确定主要工作目标：

> 一、政治参加。二、反教育界的反动势力。三、反对反动的教育理论。四、赞助苏区教育事业（教科书）。五、宣传教育理论和研究。②

由于缺乏合适组建人选，左翼教育团体在彼时没能正式成立。但此后刘季平的到来，直接促成了"教联"的建立。刘季平早年考入南京晓庄学校，师从陶行知，其间多次领导学生和教师运动。1932年一·二八淞沪抗战后不久，晓庄学校党支部首任书记、中共南京市委宣传部部长刘季平因事来沪，在与"文总"领导人会面时，形成了由他牵头创建一个左翼教育团体的计划。随后，在"文委"的安排下，丁华（帅昌书，时任西区小学教员）加入筹备工作。此后，在党组织的领导和刘季平、丁华等人的努力下，这一团体在短时间内即筹备完毕。正如刘季平在回忆录中所述：

> "一二八"抗战爆发后不久，在中国左翼作家联盟（简称左联）和中国社会科学家联盟（简称社联）已经建立并展开活动之际，中国左翼文化界总同盟（简称文总）考虑建立一个教育界的团体。那时，我因事通过一个联络点找文总。他们很快就派来一个同志联系，对我说，正在考虑建立一个教育方面的组织，问我能否负责筹备工作，我表示同意。当即商量了几点办法，其中最主要的一条就是由文总请中共江苏省委通知各区委，介绍一些党员和进步群众来作为基干力量。此后，各区委陆续介绍了一些同志来，一起开展筹组工作。一九

---

① 唐天然：《瞿秋白和三十年代左翼文化运动》，《革命史资料》1986年第1期，上海人民出版社1986年版，第62页。

② 瞿秋白：《苏维埃的文化革命》，上海鲁迅纪念馆编：《纪念与研究》第7辑，1985年印，第5页。

三二年四月十七日召开了教联成立大会。①

为表示对"教联"的重视和支持,"文委"委员潘梓年作为中国共产党代表出席"教联"成立大会,并在此后积极参与"教联"工作。"教联"成立后,曾任中央宣传部部长的张闻天、杨尚昆等人,也先后负责联系"教联"②。

"教联"成立大会召开于八仙桥基督教青年会大楼。"教联"与"基督教青年会",两者看似毫无关联,成立大会为何在此进行? 实际上,于1900 年成立的上海基督教青年会虽是宗教组织,同时也对一些无宗教信仰的青年开展德育、智育、体育等方面的工作。青年会根据实际工作需要,开展演讲、讲座、音乐会、戏剧演出和美术展览等活动,在社会上取得积极影响③。1931 年 9 月,位于敏体尼荫路(今西藏南路)123 号的青年会大楼建成,因地处八仙桥区片,俗称"八仙桥青年会大楼"。大楼建成后,因内部建有大礼堂、图书馆和活动室等设施,成为进步分子开展学术讨论、举办集会的重要场所。"每周六 19 点半,在八仙桥青年会大楼会举行例行演讲,内容广泛。鲁迅曾多次应邀前来演讲。"④

关于"教联"成立的报道,也出现在 1932 年 4 月 25 日《文艺新闻》中。此篇报道中,使用的组织名称是"中国新兴教育社"⑤。

---

① 刘季平:《教联的建立及其发展》,《上海教师运动回忆录》,第 6 页。
② 尽管杨尚昆在担任中央宣传部部长时负责此分工,但按照杨尚昆后来的说法:"实际上我没有管,因为连个机关都没有。"参见孟庆春、陈冠任:《红色中枢:深层解说中央机关和高层领袖们的风云往事》,中共党史出版社 2012 年版,第 38 页。
③ 苏智良主编:《上海城区史》(下),学林出版社 2011 年版,第 1148 页。
④ 上海市黄浦区档案局(馆)编:《印象八仙桥》,同济大学出版社 2016 年版,第184 页。
⑤ 在各类报道、回忆录及研究著作中,对于"教联"的名称,也有着很多种不同的记载。根据刘季平的回忆:"教联有两个名称,一个是上海教育工作者联盟;另外为了要发展到全国去,所以同时取名为新兴教育社。"而《上海教师运动史(1919—1949)》一书认为,这一组织的名称"与各左翼文化团体相统一,称为'中国左翼教育工作者同盟'"。而在其他的各类资料中,也先后出现包括左翼教育工作者同盟、左翼教育工作者联盟、左翼教育家联盟、上海教育工作者同盟、中国新兴教育者联盟等不同称呼。在此,我们将主要使用其简称"教联"。

剔除没落的旧教育　研究建设新兴教育

中国新兴教育社正式立会

主张教育完全基于大众　教育劳动革命打成一片

中国新兴教育社筹备多日，已与本月十七日正式成立。其设立的宣言中畧谓："历史决定了中国现行教育日趋于破产，无可挽救；尤其是在目前这一历史大转变期的暴风雨中，更是加速地暴露了他的极度混乱，矛盾与无能！这时，中国大众已迫切地要求着新的合乎大众实际生活与需要的教育体系的确立，以代替没落了的旧教育，发展社会文化。因此，革命的中国教育劳动者，应该立刻动员起来，把新兴教育的理论研究和实际建设工作，引为当前重要课题与任务，而开始意识组织地扩大新兴教育运动深入工农大众。"

该社具体任务分八条：一、暴露现行教育的罪恶；二、严厉揭穿改良主义的欺骗教育；三、团结全国革命教育家研究新兴教育；四、扩大新兴教育运动，深入于工农大众中；五、与国际新兴教育，取得联络；六、促进全国教育劳动者生活的改善，特别是，反对减薪，要求失业救济，及争取言论，结社，和研究等自由；七、要求减缩劳动时间，设置一切工农教育机关；八、相关地，对于关联着现教育的政治危机，第二次世界大战以及一切封建残余统治给以反抗和抨击。

"教联"成员以进步知识分子为主，包括学校内的教育工作者，以及活跃在教育领域或具有一定文化水平的共产党员或进步人士，成员达百余人。刘季平担任"教联"首任总务（书记），丁华任宣传委员。另一谢姓同志任组织委员，具体名字不详①。"教联"成立之初的主要任务是发展革

---

① 黄乃一：《回忆三十年代上海"教联"》，中共上海市委党史研究室编：《上海党史资料汇编》第二编（下），上海书店出版社2018年版，第968页。

命力量,在教育界开展革命活动。同时,"教联"并未忽视开展教育领域活动,致力于对新兴的、革命的教育进行深入研究,并扩大其影响,使工农群体更加了解新兴教育,批判旧教育模式。

为推动苏区教育工作,"文委"领导成立了苏区教育委员会(简称"苏教"),其工作由"教联"负责,"苏教"委员也与"教联"主要领导完全一致。"苏教"的主要任务是向苏区支援教材、参考资料和教师。"左联"成员钱杏邨(阿英)曾参与其中活动,为苏区编写供战士使用的识字教科书①。刘季平针对"苏教"的工作曾回忆:

> 当时对苏区的具体需要还不清楚,一时不好着手,没能做什么工作,只打算先动员一些进步青年和党员到苏区去。我被捕前曾动笔为苏区教育起草文件,这份只写了题目和头几行字的稿子被卢家湾巡捕房搜去。稿件上写的是苏教的简称,审问时,我说是想研究苏联教育用的。②

第二节 "教联"首部纲领、章程

组织的纲领和章程标志着性质和目标,对于研究其产生和发展过程具有重要价值。某种意义上,唯有了解并掌握一个组织的纲领和章程文件,方能对其发展进行有针对性的分析和判断。目前对"教联"的研究,主要以"教联"参与者的回忆文章及相关报道为主。黄乃一曾回忆:"'教联'成立初期,曾在内部印发过一个《章程(草案)》,由于没有公开发表,现已无从找到。"③孔海珠曾在《"文总"与左翼文化运动》一书中,公布了"教联"于1935年公布的纲领性文件,但对于"教联"成立时形成纲领性文件,则一直付之阙如。

---

① 参见吴泰昌:《阿英忆左联》,《新文学史料》1980年第1期,第22页。
② 刘季平:《教联的建立及其发展》,《上海教师运动回忆录》,第8页。
③ 黄乃一:《回忆三十年代上海"教联"》,《上海党史资料汇编》第二编(下),第970页。

幸运的是,在我国台湾地区的一份被命名为"特种调查报告第八号(下)"①的档案中,收录了登记日期为 1932 年 5 月 28 日的中国新兴教育社(即"教联")纲领及章程。这也从侧面证明,"教联"成立不久即产生了一定社会影响,并受到国民党当局的关注和调查。

中国新兴教育社纲领

一、在目前帝国主义加紧进攻中国革命,企图瓜分中国,日益露骨地准备着第二次分割殖民地的世界大战的时候,中国现行教育不仅只是充分地暴露了极度混乱矛盾与无能的状态,而且很明显地成了帝国主义及其代理人的工具,整个地向帝国主义投降了,向帮助他们欺骗、麻醉和压迫中国的劳苦大众,特别是大批私人教会学校以及国内外的几个大学,不单是过去造成了无数买办阶级的洋奴与外交人才,在充当着出卖民众的主要角色,而且目前这些教育机关还在更甚地企图着施展其更无耻的反动的伎俩。

二、中国现行教育完全脱离了大众,而成为了特殊阶级的姨太太。全国百分之八十六以上的学龄儿童,被摒弃于教育门槛之外,全国百分之八十以上的工农成人过着愚钝的黑暗的文盲生活。教育完全商品化了,特别是离开了生产劳动,社会上形成了劳心者与劳力者的对立关系,使劳苦大众专门从事于血汗的劳力生活,以供养少数特殊阶级,而绝无文化上的修养机会,结果帮助了社会文化的进步更慢。

三、中国现行教育的经济已濒于百分之百的破产,仅占国家支出的极小部分的仅有的一点点教育经费,也都已被不顾一切地提去充当了军阀混战与屠杀工农的火药费。这种结果使教育界更形混乱,教员生活更形恶化。大批大批的学校停了,大批大批的教师失业了,常陷于饥寒交迫的挣扎中;而其他方面,每年毕业的学生,不单是

① 《特交档案(党务)——各党派动态》(第〇五一卷),数位典藏号:002-080300-00057-010。

学非所用地跑到社会上来不能生丝毫作用,而且因为整个社会经济结构的崩溃,也成千成万的被编入失业者的队伍之中。

四、中国现行教育的反动与破产不是偶然的病态,更不是仅仅教育方法上的错误,而是整个社会条件所决定的全部教育体系的矛盾的尖锐化。在目前的社会组织里面,教育根本就是被特殊阶级当做装饰自己,制造奴隶和麻醉大众的工具而运用着的;所以在目前这一历史大变革的前夜,现行教育不能不为统治阶级压迫阶级的自身利益而更甚地反动化。同时,现社会的日益尖锐的经济恐慌与政治危机,反映于教育上,亦使教育不能不一天天更快速地走上破产与没落的进程。这是一个历史的必然的命运,所有没落的教育家以及改良主义的教育者,谁也不能挽救这一没落社会的没落的教育的必然的灭亡。

五、紧跟着现行教育的没落,在另一方面,中国新兴教育将顺应这历史的使命而勃兴,并且伴随着中国劳苦大众的解放运动的发展与胜利而更加巩固起来。这一教育与旧的教育没有丝毫的相同,他是革命的,实践的,他的主要特点,第一是教育完全基于大众,每个人都有受教育的机会,而一切的教育的设施和政策,都绝对地与大众的需要和利益为唯一的出发点。第二是教育与劳动与革命的统一,每个劳动的人都可以受到教育,而同时他在教育园地里所学习的东西,也都是他在实际的革命生活中和生产过程中所需要的技术和经验。

六、中国劳苦大众为了急切地要求给黑暗的悲惨的无知的生活中解放出来,提高自家文化的水准,加强社会的生产能力,获得革命的理论武器,更快地从帝国主义及其代理人的重重压榨之下伸出头来,完成劳动大众的解放运动,正在迫切地期待着这一新兴运动的扩大与深入。所以这一运动已经不是空喊理论的东西,而是走到一个有着紧急需要的必须求到实践的时期了。

七、为了适应中国劳动大众的紧急需求,为了保证中国新兴教育运动的胜利的更快的到来,全国革命教育者,必须把有计划的、集体的、对于中国新兴教育的运动的理论与实践的研究与努力,作为目前的主要的中心课题与任务,从扫除文盲,开始工农教育的普及的启蒙运动做起,一直走向更高级的教育高潮。中国新兴教育社就是在这一历史的使命下产生的。但无疑的,中国新兴教育社还只是这一伟大的新兴教育运动的开端,全国教育劳动者以及有志于新兴教育运动的青年,应该立刻总动员起来参加新兴教育社,领导他,加强他的组织,使他迅速地成为更有力和更健全的中国新兴教育运动的中心。

八、中国新兴教育社的具体任务,是:

1. 暴露现行教育的反动与恶罪,而与之作战。

2. 严厉揭穿改良主义的欺骗,及一切教育上的不正确的错误的观念倾向而与之作战。

3. 团结全国革命教育家,研究并学习新兴教育的理论与实际。

4. 团结全国革命教育家,扩大并深入新兴教育运动,使之普及于工农大众。

5. 切实研究国际的新兴教育,尤其是苏联的新兴教育,而与之产生密切联络,以期获得他们的帮助。

6. 促进全国教育劳动者底精神与物质生活的改善,特别是要反对减薪,反对失业危机,要求失业救济,以及争取言论出版思想读书和研究的自由。

7. 争取大众劳动时间的缩短,教育时间的获得以深入教育运动于劳苦大众,并且要求一切工农教育机关之设置。

8. 相关地,对于联系着现行教育的一切政治组织,政治危机,特别是瓜分中国,第二次世界大战的危机,以及一切封建残余和改良欺骗等,都要加以反抗抨击。

中国新兴教育社章程

一、总则

(一)本社定名为中国新兴教育社。

（二）本社之主要任务，是：

1. 研究并暴露现行教育的理论与实际上错误与罪恶而与之作战。

2. 与改良欺骗及一切教育上之不正确与错误的观念倾向作战。

3. 研究新兴教育理论与实际。

4. 扩大并深入新兴教育运动使普及于大众。

5. 谋国际新兴教育团体之联络。

6. 谋全国教育者之意见的交换与统一。

7. 谋全国教育者精神与物质生活的改善。

二、社员

（三）全国教育者及教育团体经本社社员二人以上之介绍经常会通过，皆得以个人或团体名义加入本社为社员或分社。

（四）入社社员须下列条件：

1. 接受本社全部纲领。

2. 服从本社一切决议案。

（五）个人社员入社后由执行委员会编入相当小组或分社。

（六）团体社员入社后如该团体纲领与本社无抵触经本社核准后得改组为本社分社或小组，但须完全服从本社决议以本社纲领为纲领。

（七）社员皆有选举权及被选举权。

（八）社员每月须缴纳社金二角。

（九）社员参加本社出版合作运动。

（十）社员有违反本社一切决议及纲领之倾向与行动本社提出三次警告无效由全体社员大会除名或由执委会除名交大会追认。

三、组织

（十一）协社组织系统如下：

1. 全体社员大会（或代表大会）执行委员会常务委员会宣传部总务部组织部各种小组。

（十二）全体社员大会或全国代表大会

1. 全体社员大会或全国代表大会为本社最高权力机关。

2. 全体社员大会或全国代表大会决定本社一级方针。

3. 全体社员大会或全国代表大会选举执行委员会。

4. 全体社员大会或全国代表大会每半年开会一次由常委会召集之。

（十三）执行委员会

1. 执行委员七人由大会选出任期三年。

2. 执行委员会在大会与大会期间对大会负责决定并指导全社运动。

3. 执行委员会推出常务委员三人组织常务委员会。

4. 执行委员会每两周开会一次。

5. 执行委员会委员分配出席小组会。

（十四）常务委员会

1. 常务委员会由执委会产生任期半年。

2. 常务委员会根据大会决议执委会决议具体决定并指导全社活动。

3. 在大会与大会期间常务委员会为本社对外代表机关。

4. 常务委员会下设总务组织宣传三部。

5. 常务委员会每两周开会一次。

6. 各小组及分社人数在五人以上者设干事会不满五人设组长一人。

（十五）小组及分组

1. 小组为本社细胞。

2. 分社得酌量情形分配小组。

3. 小组接受大会决议及常务委员会执行委员会之指导活动。

4. 小组每周开会一次由干事或组长召集。

四、经费

（十六）本社经费分下列三种：

1.基金。2.常年社金。3.特别捐。

（十七）基金条例另订。

（十八）常年社金

1. 本社社员每人每月缴纳社金二角。

2. 社金供本社经常活动费分配方法由执委会决定向大会报告。

（十九）特别捐

1. 本社活动费不足或有临时特用得由执委会决定交大会追认公开募集特别捐。

2. 特别捐用途须造细账向大会报告。

五、出版

（二〇）本社由常务委员会负责每若干时出版机关杂志一次。

（二一）本社研究所得及实证结果随时编印新兴教育丛书及小册子由常务委员会另行编辑出版委员会负责出版。

（二二）本社出版物采用出版合作制由社员或公开集资印刷发行。

（二三）本社各小组每周至少出版民众小报或壁报一次。

六、研究与实验

（二四）本社各小组及分社由常务委员会决定研究大纲建立经常地研究工作。

（二五）研究大纲另订之。

（二六）本社积极筹设实验小学实验幼稚园工农学校工农图书馆等以资实验。

（二七）本社得特约实验学校或其他教育机关实验新兴教育。

（二八）本社应积极筹设实验区。

七、附则

（二九）本社总社所在地由社员大会或全国代表大会确定之。

（三〇）本章程如有不适用处由社员二人以上或执委会之提议交大会讨论修改。

《中国新兴教育社纲领》和《中国新兴教育社章程》的发现,为我们认识"教联"提供了重要史料支撑。撰写两篇文献的"教联"成员,对社会背景的认知、组织任务的确定和内部架构的设置,均已有明确和深入的构想。特别是对"教联"未来活动的设想、各级机构职责的确定等方面,相较"左联""社联"等其他左翼文化团体在成立之初,都显得更为具体和明晰。

依据这两份文献,对仍处于初创时期的"教联",我们可做出以下分析:

从诞生背景上看,"教联"的成立绝非偶然。落后的半殖民地半封建社会形态,加之国民党当局对大众受教育权利的漠视和打压,让中国教育事业处于小众范围,不仅无法实现其在人才培养上的应有价值,更难以对民族发展起到促进作用。在此背景下,来自教育界的广大进步知识分子不得不联合起来,在捍卫自身权利、改善自身生活状况的同时,为教育活动的发展营造有利社会舆论氛围。

从活动目标上看,"教联"要通过理论探索和实践行动,回击各类落后教育理念,让劳苦大众真正享有受教育的权利。自组织成立伊始,"教联"成员对于中国教育事业的没落已形成明确认识,并竭力改变、提升广大工农群众的受教育现状,明确提出将"研究和发展新兴教育,使广大工农有效获得教育"确立为组织核心工作目标。此后,"教联"在左翼教育运动上所规划的各种活动,实质上也都围绕此目标进行。

从活动对象上看,革命者和劳苦大众,是他们最重要的同盟军。左翼教育运动同在国统区开展的革命斗争,广大劳工为维护自身权益所进行的各类群众运动,具有紧密关联。"教联"成员认识到,为推动组织的发展和左翼教育运动的成功,就必须由革命教育家开展教育活动,提升劳苦大众的文化素养和政治觉悟,让他们认识到:唯有与革命者一道,共同团结在中国共产党领导的革命旗帜下,悲惨的命运才可能改变,国家、民族的发展才将迎来转机。

从工作路径上看,即便身处白色恐怖的高压统治下,他们仍高度重视宣传工作。对于一个革命文化团体而言,其宣传工作开展是否有效,不仅事关其能否在全社会取得显著影响力,更直接展现组织内部成员的凝聚力和战斗力。"教联"成立之初,便将宣传工作置于重要位置:一方面,"教联"在纲领和章程中,对出版的教育刊物、开展新兴教育宣传活动的方式和频次等问题,进行了详细安排;另一方面,"教联"在左翼文化团体中较早重视开展国际交流的重要性,提出和世界范围研究、普及新兴教育的团体,特别是苏联的新兴教育团体合作,扩大中国左翼教育运动和左翼文化运动的影响。

从这两篇具备极高"含金量"的历史文献也不难判断,"教联"在成立之时,就已成功汇聚了一批具有较高文化素养、丰富革命经验和坚定革命理想的进步教育人士。他们历经详尽筹划和完善准备,组建了"教联"这一活跃于教育领域的革命文化团体。完备的纲领和章程,既反映了他们对如何推动中国教育事业发展所进行的深入思考,更展现了他们为中国教育事业奋斗终生的坚定信心。

第三节 "教联"组织概况

一、"教联"党团概况

"党团"是中国共产党在不从属于党的组织序列的群众性组织中,设立的由党员组成的集体。党的五大后政治局通过的党章,首次提出要"在所有一切非党群众会议,及执行的机关(国民党、国民政府、工会、农协会等)中,有党员三人以上,均需建立党团,党团的目的,是在各方面加紧党的影响,而实行党的政策于非党的群众中"①。此后,六大党章对此予以明确,并进一步指明要在包括文化组织在内的非党组织中成立党团。

---

① 《中国共产党第三次修正章程决案》(1927年6月1日中共中央政治局会议议决案),中共中央文献研究室、中央档案馆编:《建党以来重要文献选编(1921—1949)》第4册,中央文献出版社2011年版,第276页。

在左翼文化团体内,党团所扮演的角色更接近上级党组织的"派出机构",一般不能独立组织、开展行动。六大党章规定,"党团所在组织中各项要解决的问题,应该先经党团会议或党团干事会之讨论"①,后由党团成员向左翼文化团体的领导组织机构提议,才能以本团体的名义发布决议和命令,而不能由党团独自完成。

不过也要注意到,左翼文化团体自成立之时即有强烈的政治指向和目标,它们是无产阶级解放斗争的重要"一翼",是开展文化领域反"围剿"运动的"一个方面军",左翼文化团体的任务也几乎全部围绕着这条路线展开。在组织结构上,党团并不具备直接指挥左翼文化团体的权力,但它通过接收党的指示、贯彻党的路线,很大程度上决定了左翼文化团体的工作重心和前进方向。党团实际上成为左翼文化团体重要领导核心。

一如其他各左翼文化团体,党的领导也覆盖"教联"各级组织机构和活动场所。曾任"教联"沪东、沪西区委书记的郑伯克回忆:

> 我在教联时,教联中共党组先后同我联系的有张敬人、张晓天。我先后担任沪西、沪东区委书记,在沪东区时间不长,又回到沪西。我所联系的仍是基层人员,属于沪西的,有女青年会女工夜校(小沙渡路)教师陈蔚卿(陈痕、陈继清)、林琼、陈舜玉等,北新泾橡胶厂工人刘应辰等,蚂蚁图书馆小徐,申新九厂的工人,以及原鸿翔服装公司店员,南京路大陆商场,量才补习学校汤寿龄,通讯社史继勋等。属于沪东的有女青年会公平路女工夜校教师陈立凡、临青小学教师刘望远、颐中烟草公司女工识字班朱冰如、小学教师王大中等。我所联系的每个教联成员周围还联系了许多进步群众,其社会职业主要是工人、店员、小学教师,以及自由职业者等。代表教联党组来领导我的是张敬人。②

① 《中国共产党党章》(1928 年 7 月 10 日通过),中共中央文献研究室、中央档案馆编:《建党以来重要文献选编(1921—1949)》第 5 册,中央文献出版社 2011 年版,第 481 页。

② 《白区工作的回顾与探讨——郑伯克回忆录》,中共党史出版社 1999 年版,第 37 页。

综合各类史料不难厘清,"教联"前后共有四任党团书记:首任党团书记为刘季平;1932年6月后,丁华接任党团书记;第三任党团书记为张敬人;第四任党团书记为王尧山。至于其他党团成员,1933—1935年间,丁华、徐明清、王洞若、孙达生、孙铭勋任"教联"常委(即党团成员),具体分工为:丁华负责全面领导,分管几所大、中学校的"教联"工作;徐明清分管沪东区,包括浦东、杨树浦女青年会各夜校和南市小学教师"教联"小组;王洞若分管西区工作,联系山海工学团、小沙渡路女工夜校等;孙达生主持"教联"机关工作,分管复旦、光华、大夏、交通等几所大学的"教联"工作,与中华职业教育社农学团"教联"小组联系;孙铭勋分管幼儿园,1935年后接替孙达生主持"教联"机关工作。1935年初,孙达生调江苏省委工作,同年四月,徐明清被捕,"教联"常委只剩丁华、王洞若、孙铭勋三人仍在工作①。

二、"教联"的组织系统

"教联"在成立之初,便提出建立全体大会、执行委员会、常务委员会和小组等四级组织。除在章程中明确各级组织机构的分工外,还对于各级大会和委员会的任期、会期、参与人数等方面做了较为细致的规定。

上海是"教联"活动和发展的大本营,"教联"在此设置了最为完善的组织架构,建立了沪西、沪东、沪中、法南四个区委组织。此外,根据地域或单位,"教联"将成员编入不同小组,如在国民党中央经济研究所、西区小学等地,均成立了"教联"活动小组,各组人数从几人至十几人不等,一般由区一级"教联"组织负责联系。少数不从属于区级"教联"组织联系的小组或个别盟员,由分管常委或常委指定的区干事直接领导。如黄乃文曾受丁华委托,作为"区干"负责联系设在浦东中学高中部、暨南大学的"教联"小组。小组每一两个星期开一次会,会议内容是传达、讨论国内外

① 黄乃一:《回忆三十年代上海"教联"》,《上海党史资料汇编》第二编(下),第968页。

政治形势,宣传党的政策和斗争情况,汇报时事政治和理论学习情况,检查、布置各项工作任务。有的小组在党员带头下,也在会议中开展批评与自我批评。

充足的经费对组织发展具有重要意义,"教联"章程对此加以明确,规定"教联"成员"每人每月缴纳社金二角"。但在实际工作中,这一经费来源只是杯水车薪,难以满足"教联"发展需要。为此,"教联"的活动经费主要靠有固定职业的党员、盟员主动捐献自己的收入(也称"所得税"),一般占固定收入的百分之三十。"教联"常委更是几乎将自己的收入全部献出。如丁华当时在英租界工商局小学任教,每月薪金约120银元,但他把绝大部分收入作为组织活动经费,自己的生活却十分简朴。与此同时,包括陶行知、黄警顽、杜重远等社会贤达人士,也时常向"教联"提供经济援助。这对长期处于财务困难境地的"教联"而言,无疑起到雪中送炭的作用。

除上海外,"教联"也努力在全国其他地区扩大影响。如在湖北宜昌,"教联"曾专门派林迪生、金老师(具体姓名不详)到宜昌四川中学教书,他们用马克思列宁主义积极引导学生。在校长和进步教师的带领下,同学们阅读了《资本论》《反杜林论》《辩证法入门》等马克思列宁主义经典著作,鲁迅、郭沫若、巴金等左翼作家的作品,以及在上海出版的进步刊物,讨论了"中国究竟属于什么性质的社会"等涉及国家发展前途的关键问题,让学生们认识到中国是半殖民地半封建社会,鼓舞学生投入革命洪流①。张光瑞回忆,他们介绍了吴莆荪、黄乃一、陈鸿儒、高建章等人前往上海参与革命②,其中不少人后来加入了中国共产党,有的还为革命事业献出宝贵生命。

---

① 陈鸿儒:《三十年代宜昌革命斗争琐谈》,中国人民政治协商会议湖北省宜昌市委员会文史资料研究委员会编:《宜昌市文史资料》第3辑,1984年印,第61、63页。
② 张光瑞:《回忆川中和乡师的学生斗争生活》,中国人民政治协商会议湖北省宜昌市委员会文史资料研究委员会编:《宜昌市文史资料》第5辑,1986年印,第30—31页。

在广州,也曾成立"教联"分社组织。根据张泉林的回忆:

1932 年我们全班组织参观团到江苏、浙江等地参观学习初等教育先进经验。在上海的书报摊上,看到《教育新闻》这份小报,我觉得很好,便走访该报主编蔾藿(即新中国成立后任教育部副部长的刘季平)。他说这份小报是全国"社联"属下"教联"(有两个名称:一是上海教育工作者联盟;二是新兴教育社)的出版物,主要宣传新兴教育思想,报道苏区教育实况和揭露国民党教育的丑恶面貌。我们离沪前互相交换了通讯地址。回穗后不久,接到蔾藿的信,要我担任新兴教育社广州分社负责人。当时我把要好的黄、李、陈三位同学和我报上去作为分社的基本成员。稍后,通讯中断,后来才知道蔾藿被捕了……过了一段时间,分社就不复存在了。①

此外,"教联"在北平也形成分社组织②。在天津,到 1933 年 9 月,"左联、社联、剧联、教联等左翼团体的盟员发展到三百多人"③,左翼文化运动到达高潮,但不久后,天津各左翼文化团体就遭到国民党当局严重的破坏,"教联"工作也被迫陷入停滞。

三、对"教联"组织地位的不同回忆

"教联"于 1932 年 4 月成立后,同先后组建的"左联""剧联""社联""美联""记联""语联""音乐小组""电影小组"一道,共同成为中国左翼文化运动的重要一翼,"教联"也是其中基础较强的组织④。但有部分左翼文化运动亲历者对"教联"与"左联""社联"等组织是否具有同等地位,表

---

① 《张泉林教育文集》(续集),2003 年印,第 57 页。
② 西未:《北平市"九·一八"周年纪念的工作检查》(1932 年 10 月 15 日),中共北京市委党史研究室编:《北京地区抗日运动史料汇编》第 2 辑,中国文史出版社 1990 年版,第 223 页。
③ 中共北京市委党史研究室、中共天津市委党史资料征集委员会编:《北方左翼文化运动资料汇编》,北京出版社 1991 年版,第 682 页。
④ 王翰:《与党中央失去联系之后》,《上海党史资料汇编》第二编(下),第 571 页。

达了不同看法。如夏衍认为:

> "文委"直接领导的革命文化组织,除了上述四个联盟之外①,一九三三年三月,还组成了"左翼电影小组"和"左翼音乐小组",由于当时这两方面的党员人数不多和便于公开活动,并未组成"电联"和"音联"。"文化大革命"中"四人帮"的专案组一口咬定说"文总"下面有一个所谓的"八大联",也有些不了解实际情况的人也用过"八大联"这个名称,这一点我可以负责说明,他们把电影、音乐、教育、新闻都说成和"左联"、"社联"并列的联盟,这是不确切的。我是电影小组的组长,音乐小组则在一九三五年以前一直由"文总"委托田汉单线领导,影响较大的"教联"、"新联"、"妇联"则都是"社联"的外围组织,不是由"文委"和"文总"直接领导的。②

不过这样的回忆并没有得到广泛的认同。在 1934 年春季之后,曾作为"文总"的代表参与联系"教联"工作的许涤新,通过他的翔实回忆,提供了一种完全不同的说法:

> 因为我负责组织工作,在分工上我联系"社联"、"教联"、"集纳"(及新闻记者的音译)和"世界语协会"四个组织……"教联"和"集纳"并不是"社联"的外围组织,长期是由代表"文委"的杜老领导的。我被调到"文委"后,杜老先把"教联"的关系交给我,并亲自同我参加"教联"的一次党团会议。那时"教联"的书记是丁华,成员有易吉光和王洞若二人。杜老向他们三人说明,以后"教联"由许涤新代表"文委"来联系。他自己调动工作,不能来了。……我参加"文委"和"文总"的工作,并分工联系四个联盟以后,问题就来了,这四个"联"的工作是相当繁重的,我的能力和时间都应付不了。那时马纯古还在"社联"当党团书记,我商得他的同意,把陈处泰和李凡夫两人调出来,帮助我联系这四个"联"。为了做好工作,我同陈、李两人每周都要开一

---

① 指"左联""社联""剧联""美联"。

② 夏衍:《懒寻旧梦录》,生活·读书·新知三联书店 1985 年版,第 177—178 页。

次碰头会,除了传达中央决议和"文委"指示外,还讨论国际和国内政治经济问题。由于陈、李两人代表我出席"教联"、"集纳"和"世界语协会",这就使人误认为这三个组织都是"社联"的外围。事情虽然隔了数十年,更正这种不合事实的误会还是必要的。①

除相关亲历者的回忆外,对于"教联"地位问题,相关纸质资料证明也十分关键。第十一期"文总"机关报——《文报》中,刊登了一组在"文总"具体的指示之下制定的多个左翼文化团体的新纲领草案,其中就包括中国新兴教育者联盟,即"教联"。而且在《关于发表新纲领的紧急通告》中明确提出"文总以及各联都制出新纲领草案来顺次发表……"②,这表明,各团体均属"文总"领导,不存在互相隶属关系。同时,"文总"要求各团体须相互关心、支持,共同促进左翼文化运动工作的开展,并指出:"全体同志,不能抱着联盟中心主义的态度,对于姊妹联盟的工作漠不关心,必须予以注意,并提出意见。"③

相关亲历者的回忆和有关历史文献,都证明"教联"是"文总"旗下独立的左翼文化团体,而非某一团体的附属组织,"教联"也是其中活动开展较积极、组织基础较牢固的团体,其影响力也在组织存续期间一直拓展下去。

四、谢群与"教联"

在了解"教联"成立概况后,我们发现了一个在"教联"各类史料中,长期存在的"无解"问题,即谁是"教联"首任组织部部长?黄乃一提出,"'教联'初建时……一个姓谢的同志任组织委员"④,刘季平也回忆,"另一个组织委员,名字已忘了"⑤,而包括徐明清、王洞若等其他成员,则自始至终未提及"教联"首任组织部部长的任何信息。由此不难看出,这名"谢姓

---

① 许涤新:《风狂霜峭录》,生活·读书·新知三联书店1989年版,第93—94页。
②③ 《"文总"与左翼文化运动》,第207页。
④ 黄乃一:《回忆三十年代上海"教联"》,《上海党史资料汇编》第二编(下),第968页。
⑤ 刘季平:《教联的建立及其发展》,《上海教师运动回忆录》,第7页。

同志"虽较早加入"教联",但在组织内活动的时间应该不长,且在后来没有像多数"教联"成员那般,在上海加入中国共产党、投入到革命队伍中。况且,在艰苦的革命斗争环境下,其姓氏是否真的为谢,都难以探寻。

不过,作为"教联"的首任组织部部长,应该在"教联"成立初期有较多活动经历,也理应同各界产生了紧密联系。幸运的是,从各类史料、回忆录中,我们似乎发现了这位"谢姓同志"留下的"蛛丝马迹"。笔者认为,曾就读于大夏大学的湖北宜昌人谢群,很可能就是这位"谢姓同志"。原因有五:

其一,作为"教联"首任组织部部长,自然大概率是"文委"或"文总"成员。"教联"作为由"文委"直接领导下成立的左翼教育团体,其首任党团书记刘季平和宣传部部长丁华却均非直接来自"文委"或"文总",在此情况下,派遣一名来自左翼文化运动领导机构的成员加入其中,有利于"教联"更好贯彻党的领导,执行上级的方针政策。而在这一时期,谢群就参与到"文总"的工作中,与冯雪峰、姚蓬子等左翼文化运动领导人有着密切工作往来。1932年的6月至7月间,"文总"还派当时正在上海大夏大学读书的学生党员谢群,以大学生暑假返乡的名义,前往汉口寻找在武汉参与左翼文化运动的进步青年,在取得联系后商定由武汉方面派人去上海对接党的关系,完成任务后谢群返回上海①。

其二,身为"教联"的组织部部长,必定对教育领域较为熟悉。在各类史料中,虽尚未发现谢群在大夏大学所学专业为何,但他1936年从大夏大学毕业后便回到家乡宜昌,开始担任县立学院街小学校长一职②。1937年秋,湖北第六区区立棉织科职业学校暨宜昌县立家事职业学校创办后,谢群也担任校长兼县立职校校长③。可见,谢群虽离开了上

① 中国人民政治协商会议湖北省委员会文史资料研究委员会编:《湖北文史资料》1988年第2辑,第42页。
② 简化生:《难忘烽火岁月情》,时事出版社1997年版,第50页。
③ 中国人民政治协商会议宜昌市委员会文史资料委员会编:《宜昌百年大事记(1840—1949)》,中国三峡出版社1994年版,第242页。

海,但他此后长期投身于教育事业,应和他在上海的学习、工作经历直接相关。

其三,"教联"的组织部部长应有极强的活动能力。在一些活动中,谢群表现出了较强的工作能力,不仅曾带领党员前往街头粉刷标语,还成功组织、筹办了对进步青年的教育活动。正如张执一回忆:

> 中央要求武汉再增派三四个人来沪,开办一个短期训练班,受训后再回武汉建立党组织……由谢群出面在公共租界胶洲路和极司非而路(现名梵王渡路)中间金家巷租一前楼,让我们居住,名义是补习功课,准备考大学。小型训练班由冯雪峰、姚蓬子和老吴负责筹划,请人来讲课,计有:钱介石、杜国庠(当时名林伯修)、林逸圣(当时社联负责人),还有二三个不知姓名的人分别讲了"国际形势"、"世界经济危机"、"中国革命"、"秘密工作"、"普罗文学"等等。①

其四,从"教联"在成立前期的活动经历上看,不同于其他左翼文化团体较为注重在上海、北京、天津、广州等大城市获取广泛影响力,"教联"似乎格外注重宜昌这一内地城市,还曾专门从上海派遣林迪生等人前去开展教育活动。不过,如果身为湖北宜昌人谢群曾担任"教联"首任组织部部长,加之他在被派往武汉期间联系到了许多宜昌同乡、同学,那么"教联"在宜昌的这段活动经历,自然就不难解释。特别是由"教联"派往宜昌工作的林迪生虽并非宜昌人,但他和谢群同为大夏大学学生。同为"教联"成员,加之校友间特殊联系,让他很可能接受谢群的建议或安排,前往宜昌进行教育活动。

其五,从谢群本人的身份来看,他虽然同"文总"主要领导人建立了联系,但作为一名在读大学生,他的工作经验相较于长期从事教育活动和革命运动的刘季平、丁华、徐明清等人而言,势必存在一定程度匮乏。由一名大学生长期担任"教联"这一重要左翼教育团体的核心领导成员,可能

---

① 《湖北文史资料》1988年第2辑,第44页。

在党内难以服众。加之部分历史资料和亲历者回忆显示,谢群在 1936 年返乡后被捕,出狱后便开始在家乡宜昌一带教书①,并于政治道路上彻底投向国民党,一度成为宜昌当地 CC 集团的骨干分子②,他同其他"教联"成员失去联系也就成为必然。较短的工作经历,加之个人政治道路的不同选择,很可能是谢群在"教联"发展史上没能留下深刻痕迹的主要原因。

尽管这五点原因都或多或少证明了谢群所从事、开展的活动和"文总"的领导,与教育事业的开展,以及同"教联"在宜昌活动可能存在的内在关联,但由于缺乏直接的史料和回忆性文献例证,我们似乎仍无法完全肯定,曾就读于大夏大学的湖北宜昌人谢群,就是这位"谢姓同志"。然而笔者希冀通过对有关史料的梳理,为后来研究者指出一种可能性。期待在未来能发现更多史料,以真正回答这一"教联"发展历程中留下的"无解之题"。

---

① 《湖北文史资料》1988 年第 2 辑,第 42 页。
② 《湖北文史资料》1987 年第 2 辑,第 146 页。

第三章

"教联"的主要活动

　　"教联"成立后,于多方面开展积极活动。教育领域是"教联"最主要的活动范围,自组织成立伊始,左翼教育人士就开始对左翼教育理论的积极探索,并通过领导、组建各类学校、补习班等机构,加大左翼教育理论的实践力度,为大众提供更为充分的受教育机会。与此同时,"教联"作为中国共产党领导下的革命文化团体,也代表党组织参与到各类社会办学机构的领导工作,还为新安旅行团等组织提供大力支持。作为左翼文化运动的重要成员,"教联"也和其他左翼文化团体一道,携手推进左翼文化运动走向繁荣兴盛,并共同参与各类革命斗争实践,成为中国共产党在国统区领导的革命活动中重要参与力量。

第一节　"教联"对教育事业的聚焦

一、对左翼教育理论的探索与实践

自"教联"成立之初,其成员针对新兴教育理论进行了深入探索。杨贤江撰写的《新教育大纲》是阐述新兴教育理念的重要著作,此书得到包括"教联"成员在内的进步人士欢迎。"教联"成员通过学习《新教育大纲》并开展读书会,对新兴教育的产生有了深入认识。

为广泛宣传新兴教育,积极开辟新阵地,"教联"出版了刊物《教育新闻》。一些"教联"成员撰写研究马克思主义教育理论的文章,发表于此刊物中,以期拓展"教联"和左翼教育运动的影响力。在包括秋水书店在内的进步书店[①]和一些小报摊,都可以购买到《教育新闻》。《教育新闻》的影响力也逐步扩散,一些革命人士在返乡宣传革命时,就将《教育新闻》作为"向青年学生宣传鼓动的显示材料"[②]。

"教联"成员虽在理论学习、宣传方面做了不少努力,但由于"教联"成员在理论水平上还不够高,理论文章来稿较少,加之宣传经费长期紧张,以及白色恐怖统治的干扰,都直接制约了"教联"对新兴教育理论的研究。"教联"首任负责人刘季平的回忆,也印证了这一点:

> 我们在三十年代初,水平有限,研究工作未能真正抓紧,批判也不是很有力的。关于"扩大新兴教育运动,深入工农大众",因教联刚刚成立,还未能打开局面。其他只是在刊物上发表一些短小文章,在晚上出去写写标语,没有什么更有力的行动。[③]

---

① 郭晓棠:《关于秋水书店》,中共河南省委党史研究室编:《郭晓棠纪念文集》,河南人民出版社 2004 年版,第 342 页。

② 齐欣:《一个高风亮节的人》,《郭晓棠纪念文集》,第 419 页。

③ 刘季平:《教联的建立及其发展》,《上海教师运动回忆录》,第 7 页。

受此影响，"教联"发行《教育新闻》并不顺利。正如著名经济学家薛
暮桥回忆：

> ……潘梓年要我们为《教育新闻》(地下刊物)写文章。我们说：
> "我们同教育界没有来往，写不出这方面的文章。"潘就决定我们每人
> 每月出五元作《教育新闻》的出版费。《教育新闻》只出了一期，就被
> 查抄，编辑被捕，潘梓年也找不到了。①

尽管"教联"成员在理论研究工作上面临着重重困难，但这并未影响
他们积极谋划、推进新兴教育实践的热情。在各类学校中开展教育活动，
便成为"教联"扩大影响的重要途径。

在沪上高校中，复旦大学成立了由陈友群领导的"教联"外围公开
团体——"教育研究会"，不少同学参与其中，创办了义务小学，组织小
朋友来校学习②；交通大学、复旦大学、光华大学、大夏大学、暨南大学、
震旦大学等高等院校，也纷纷成立了"教联"小组，发展了不少"教联"
成员。

除高校外，"教联"在南洋中学、浦东中学、爱国女中等中学也建立了
小组并开展活动，新兴教育运动的影响力普及至更为广泛的年龄群体，一
些来自西区、东区、南市部分小学的教师也先后加入"教联"，使得"教联"
的影响力遍及上海各级、各类学校中。

除针对学生群体开展工作外，为更好地向工人群体开展教育工作，
"教联"将提升工人群体的基本文化素养作为工作重点。"教联"承担了为
他们编撰、印刷教材的任务。女工补习学校等处所使用的教材，就是由
"教联"编写完成。曾负责"教联"出版物发行工作的黄乃一回忆，"教联"
刻印了从"苏联中国远东工人支部"获得的《拉丁化新文字拼音课本》，一
套四册，本打算由王洞若在工人中试教，后因他被捕，印刷工作未能完成，

---

① 《薛暮桥回忆录》，天津人民出版社 2006 年版，第 27 页。
② 刘放：《复旦大学党团组织简况回忆与调查(1931—1936 年)》，项伯龙主编：《中共
　上海市教育系统党史文集：青春的步伐——解放前上海大中学校学生运动史专
　辑》，同济大学出版社 1999 年版，第 54—55 页。

便只得暂时搁置①。雍文涛也曾用在苏联出版的中文报纸《拥护新文字》介绍国际时政和苏联情况，用以宣传、组织群众，引起了进步青年的浓厚兴趣②。

"教联"创办、领导了多所工人识字班和工人夜校等机构，其中包括宋教仁路工人夜校、大莱码头工人工会小组及鸿兴染织厂工人读书会等，包括沪东女工夜校等团体也直接由"教联"党团领导③。在党组织的大力联络和协调下，"教联"得到了全国基督教青年会和青年协会上层人士的支持，其中包括基督教女青年会总干事邓裕志、上海女青年会劳工部钟韶琴等人。凭借此便利条件，"教联"能够以基督教女青年会的名义，公开、合法地到工厂招生④，并派遣组织成员前往各类工人学习团体进行教学。如邓洁曾前往兆丰路女青年会女工夜校教书⑤，沪西女工识字班由孙铭勋主要负责⑥。徐明清将"小先生制"率先推行至女工夜校，她从夜校高级班中挑选优秀的同学担任初级班教师，由她们指导女工同学在工厂兴办中午读书班，人数最多时发展至一百八十多名学生。这一工作受到陶行知的赞扬和支持⑦。

伴随此类活动的不断推进，"教联"的影响力和感召力显著提升，一些工作于浦东和杨树浦女工夜校的教师，后来纷纷主动加入"教联"，左翼教育队伍日趋壮大。

在教育内容上，一方面，"教联"将开展时事教育作为重要教育途径，鼓舞广大群众参与革命活动中。"教联"成员吴新稼回忆：

① 黄乃一：《难忘的一年——忆在上海"教联"的战斗生涯》，《上海党史资料汇编》第二编（上），第 981 页。
② 雍文涛：《教联和救国会活动的回忆》，《上海教师运动回忆录》，第 39 页。
③ 徐佩玲：《沪东女工夜校的一些情况》，《上海党史资料汇编》第二编（上），第 519 页。
④ 《白区工作的回顾与探讨——郑伯克回忆录》，第 48 页。
⑤ 邓洁：《三十年代上海基督教女青年会的女工夜校》，《上海党史资料汇编》第二编（上），第 523 页。
⑥ 张修：《上海女工补习学校点滴回忆》，《上海党史资料汇编》第二编（上），第 531 页。
⑦ 邵雍：《中国近代妇女史》，合肥工业大学出版社 2013 年版，第 286 页。

我参加第一次教联会议是在徐明清住的三层阁。丁华出席了会议，他讲了国际、国内形势，江西红军反"围剿"的胜利，党在蒋管区的工作和教联的任务。这是我第一次听到批判资本主义社会，抨击国民党，宣传共产党。以后，每星期开一次小组会。①

另一方面，"教联"也致力于传播马克思主义理论，以科学理论教育广大群众，并在开展活动时呈现不同侧重点。"教联"根据下属各单位实际状况，开展特色学习活动。如在各附属的学习小组中，成员通过阅读《帝国主义论》《国家与革命》《两个策略》等经典著作，学习《政治经济学》等课程，对马克思列宁主义有了进一步认识。针对教育方面的专业知识，他们主要学习《新教育大纲》《教育原理 ABC》等书籍②。在包括工农小组等其他学习小组中，"教联"主要通过群众喜爱的识字班、读书会、演讲会、歌咏队、话剧团、图书馆、识字书车（即活动借书车）、出时事宣传提纲（半月一次）和传递中央发行的报刊《捷报》（报道红军的胜利消息等）等形式，开展文化教育、爱国主义教育和阶级教育，吸引群众、扩大影响、拓展组织。

二、支持、领导社会办学机构

作为 20 世纪 30 年代中国共产党在上海教育界开展活动的重要抓手，"教联"一定程度上承担了党在教育界的代表职责。一些学校和组织在开展进步教育运动或抗日救亡宣传时，如需要党的支持，他们便会主动联系"教联"及其成员寻求帮助。上海量才业余补习学校的发展历程，即是对此的直接证明。

1933 年秋，申报馆总经理史量才先生，为给当时青年男女职工、学徒等群体提供学习环境，创办了申报业余补习学校，李公朴先生受聘担任校

---

① 吴新稼：《教联和国难教育社活动片断》，《上海教师运动回忆录》，第 27 页。
② 徐明清：《明清岁月：徐明清回忆录》，中共党史出版社 2014 年版，第 234、249 页。

长。史量才先生长期抨击国民党当局反动政策，揭露国民党官员的腐败行径，主张民主政治。1934 年 11 月 13 日，史量才先生遭特务暗杀。为纪念他对文化教育事业的贡献和献身于抗日、民主事业的伟大爱国精神，学校改名为量才业余补习学校。

量才业余补习学校设于南京路大陆商场 3 楼 341 室，初创时学生共约 300 人。随着学生人数逐步增加，又设立 7 间补习学校，分别位于唐山路澄衷中学、霞飞路青年中学、沪南第一小学、静安寺路斜桥弄妇女补习学校、北河南路审美女子中小学、尚文路江苏省第一实验小学和大连湾清华小学，学生规模一度达 4 500 余人，是当时规模最大的一所职业补习学校。量才补校主要招收小学、初中文化水平的学生，其中包括店员、学徒、练习生，还有部分失学、失业青年。根据学生业余进修的需要，学校开设了国文、英文、法文、俄文、德文、日文、簿记、会计等课程，按不同程度分为初、中、高级。总校为了方便学生，晨班设一节课，晚班有三节课①。

在量才补校总校中，还设立量才流通图书馆对外开放。图书馆收藏不少进步书籍，通过免费借阅，让更多读者有机会学习、阅读，使进步思想广为传播。量才补校总校的大多数学生是图书馆的读者。学校开设左翼文化课程，学生也会自主举办读书会、座谈会等活动，一批具有进步思想的有志青年涌现其中。包括刘峰、王郎斋等先进分子，后来也纷纷加入中国共产党，成了学生救亡活动乃至革命运动的骨干。

1934 年，由于安徽的党团组织遭到破坏，刘峰被迫前往上海，来到量才业余补习学校进行学习，并寄希望尽快找到党组织关系。1935 年春，他在此结识了在通讯社中担任实习记者，同时也是"教联"成员的史继勋。随后，他们以绘制壁报和创办校友会为起点，在量才业余补习学校内开展学生活动。同年 9 月，经史继勋介绍，刘峰加入"教联"，由郑伯克直接领导，刘峰对此十分高兴："终于达到我来上海找革命组织的目的。"②

---

① 中共上海市委党史资料征集委员会主编：《上海职业补习学校学生运动史(1931—1949)》，1991 年印，第 18—19 页。

② 刘峰：《革命一生——刘峰回忆录》，南京出版社 2005 年版，第 28 页。

此前,由于党在量才业余补习学校的活动是绝对秘密的,使得个别党、团员及党的群众组织成员,在多数情况下只能以秘密方式各自为战。但在刘峰正式加入"教联"后,"量才补校学生就此有了党的间接领导"①。此后,他们在量才业余补习学校内组织了一些班会和读书会,发起、参与多次上街游行、散发传单的活动,团结校内进步学生,取得一定社会影响。

三、对新型教育组织的大力支持

作为新兴教育理论的忠实践行者,"教联"在开展教育活动时不仅着眼于传统的课堂教学,也重视培养和支持考察团、实践团等新型教育组织。"教联"大力支持了由汪达之组建、前后活动时间长达 17 年、行程 2.5万多公里的"新安旅行团",为后世留下深刻影响。

汪达之早年就读于安徽省立师范学校,1928 年成为南京晓庄学校第四期学生,走上了追随陶行知的教育道路。1929 年,晓庄学校在苏北地区实践生活教育理论的中心学校——新安小学在淮安成立,陶行知兼任校长,实际工作交由共产党员李友梅主持。1930 年,陶行知被通缉流亡日本,受陶行知委派,校长一职由汪达之继任。

新安小学奉行"生活即教育,社会即学校"的指示方针,实行"教学做合一",提倡"手脑相长""即知即传",要学生学做事、学做人,不要做书呆子。学校致力于普及农村教育,反对当时的封建复古和奴化教育倾向。当地群众的大力支持,以及陶行知和晓庄同学的积极协助,鼓励了汪达之在新安小学坚持新兴教育理念和生活教育思想,并使之于实践上不断推进。

1933 年 10 月,汪达之创造性地组织了以左义华、程昌林、靖秉铨、杨永鑫、靖秉铎、刘昭朗及张俊卿 7 名学生②为成员的"新安儿童旅行团",

---

① 《上海职业补习学校学生运动史(1931—1949)》,第 22 页。

② 刘恩铭:《伟人陶行知》,北京交通大学出版社 2016 年版,第 46 页。

由淮安经镇江、上海修学旅行，前后历经 50 天。沿途中他们以演讲、卖报纸的方法赚取经费，鼓励学生进行自我管理。10 月 24 日，他们抵达上海。陶行知亲自制定参观计划，成员们深切认识帝国主义对上海的侵略和上海不同阶层群体的真实生活现状，受到生动的爱国主义教育。这一活动在江苏、上海的教育界、新闻界产生了轰动，陶行知也作诗称赞：

> 一群小光棍，数数是七根。
>
> 小的十二岁，大的未结婚。
>
> 没有父母带，先生也不在。
>
> 谁说小孩小？划分新时代。①

儿童旅行团的成功，给汪达之极大触动。面对愈发深重的国难危机，学校教育必须与不断变化的社会形势相结合，新安小学的学生要走出校门，在全国宣传抗日救亡。为实现这一目标，1934 年，汪达之多次来到上海，与丁华、王洞若、徐明清、刘季平等晓庄同学会面，针对小学教育如何为抗日救亡服务、开展面向工农大众的教育等问题深入探讨，并逐渐形成一致认识。共同的理想目标加之老同学间的情谊，让"教联"主要成员对汪达之充分信任，他们由此建立密切合作，为成立"新安旅行团"奠定坚实基础。

1935 年 10 月 10 日，经过前期精心筹备，在"教联"的大力支持和陶行知的倾囊相助下，一个以宣传抗日救亡为目的的少年旅行团体——"新安旅行团"正式成立。除汪达之外，旅行团出发时共有 14 人，全部为新安小学的进步学生，他们是：左林、白晞、刘昭朗、朱金山、纪宇、张早、张牧、张明、张翼天、凌则之、徐之光、曹维东、曾里、靖秉铎②。通过"教联"党团的口头传述和书信指导，新安旅行团获得了党的领导，自觉贯彻党的部署③。

---

① 《新安小学儿童自动旅行团小影》，方明主编：《陶行知全集》第 7 卷，四川教育出版社 2020 年版，第 132 页。

② 陈明、陈强、林铭纲编：《烽火五万里——回忆新安旅行团》，中国城市经济社会出版社 1989 年版，第 343 页。

③ 聂大朋：《新安旅行团的故事》，中国展望出版社 1986 年版，第 336 页。

新安旅行团出发时,全团仅有一套电影放映设备、几部黑白无声抗日影片、几十张抗日救亡歌曲唱片和陶行知捐助的 50 元钱,团员每人只有一身单衣、一双草鞋、一把雨伞等简单行李。对于他们而言,拮据的经济条件仅是面临困难的一方面,国民党当局的漠视、敌视态度,更使他们长期处于危险境地。

面对新安旅行团艰难状况,汪达之前往上海,向陶行知和他的老同学——"教联"负责人丁华、王洞若求援,希望摆脱当下所处困境。他们高度称赞了新安旅行团出发以来的活动,对团体面临的困难表示极大同情。丁华认为:"新安旅行团这面旗帜已经打出来了,不管遇到什么风雨,都要战胜它,这面旗帜一定要打下去!"①此后,通过"教联"成员的积极联络,以及陶行知、邹韬奋等人的支持下,旅行团获得了一批进步书籍,通过售卖所得的一些资金,有力支撑了他们进行接下来的旅程。

1936 年 5 月底,新安旅行团到达上海。上海文化界热情欢迎这支宣传抗日的文艺新军,一些著名艺术家和文化界人士前来授课:艾思奇、孙冶方、骆耕漠等为他们讲授"大众哲学"、中国农村经济问题和政治经济学基础课程;孙铭勋介绍工农红军长征和陕北根据地的情况;金仲华、钱俊瑞等主讲国内外形势;洪深、张庚讲授戏剧表演相关知识;冼星海、刘良模教大家唱歌并讲授乐理;吕骥、孟波、任光等人分别与旅行团成员见面、交流。他们到工厂、学校协助组织工人歌咏队和学生合唱团,积极参加上海救国会发起的抵制日货和抗日缉私活动。此外,他们阅读了在巴黎出版的《救国时报》和陕北的《红色中华报》等进步报刊②。丰富的课程安排,提升了新安旅行团成员们的学习和工作能力,为他们在此后开展抗日救亡宣传奠定了坚实思想基础。

---

① 上海市新四军历史研究会、淮安市新安旅行团历史陈列馆编:《风云五万里——新安旅行团画册》,上海人民美术出版社 1989 年版,第 15 页。

② 参见中共江苏省委党史工作办公室:《中国共产党江苏历史》第 1 卷(1921—1949),中共党史出版社 2021 年版,第 223 页;《风云五万里——新安旅行团画册》,第 19—20 页。

1937年初,新安旅行团北上,前往宁夏、甘肃、湖北等地开展抗日救亡宣传活动。皖南事变后,根据党组织安排,新安旅行团转移至苏北敌后抗日根据地,完成抗日宣传、劳军支前、站岗放哨、组织儿童等任务。抗战胜利后,新安旅行团员再次奔赴新的战场,后逐步转型为随军文艺工作团体。1946年5月20日,毛泽东给新安旅行团复信,鼓励他们"努力工作,继续前进,争取民主中国的胜利!"①1949年,新安旅行团随人民军队再次回到上海,这个对于他们具有特殊意义的城市。1952年,根据中共上海市委决定,新安旅行团和其他几个文艺团体合并,改编为上海歌剧院,结束了17年富有传奇色彩的战斗历程②。

第二节 "教联"与左翼文化团体的协作

"左联""社联""剧联"等左翼文化团体成立后,根据实际工作开展的需要,1930年10月,"文总"成立。各组织共同接受"文委"的领导。"文总"的成立,有利于各左翼文化团体间开展更多协作,这反映在一些历史文件中。一篇被首次发现于台湾地区的历史档案,记载了在1931年召开的上海各革命团体代表会上,发布的《上海各革命团体代表会议关于苏维埃运动决议——十月革命节到广州暴动纪念拥护苏维埃政权反对帝国主义国民党进攻红军的行动大纲》③。文献最后一段提及:"社会科学家联盟,左翼作家联盟,美术家联盟,戏剧家联盟等革命的文化团体除在思想

---

① 陈明、陈强、林铭纲编:《烽火五万里——回忆新安旅行团》,中国城市经济社会出版社1989年版,第307页。

② 在中国共产党的直接关心下,在包括"教联"在内的左翼文化团体大力支持,以及社会贤达的慷慨协助下,新安旅行团得以奋战17年,成为活跃于教育战线的少年儿童革命团体,为中国革命事业的胜利立下卓越功绩,为中国共产党培养了一批杰出人才。尽管新安旅行团的番号自此不复存在,但新安旅行团的故事没有结束。2021年儿童节前夕,习近平总书记给江苏省淮安市新安小学少先队员们回信,再次肯定了新安旅行团的17年光辉战斗历程。

③ 本文献发现于我国台湾地区法务主管部门"调查局"资料室。

上文化上加紧向一般群众作拥护苏维埃的宣传和运动外,对于反动统治压迫言论出版及一切思想研究的自由及学生群众的斗争等均应积极的起来参加和帮助,并应将这些斗争,联系到拥护苏维埃运动。"强调了"左联""社联"等左翼文化团体展开积极协作,对推进革命运动胜利所能起到的重要意义。

"教联"成立后,"文总"指派许涤新负责对这一左翼教育团体的领导。1934—1935年间,陈处泰代表"文总"领导"教联"工作。陈处泰于1935年冬被捕后,丁华调往"文总",负责领导"教联"的工作①。在"文总"的组织和协调下,"教联"与其他左翼文化团体在人员往来和工作实践中开展了积极合作。

在人员安排上,不少此前工作于其他左翼文化团体的共产党员或进步人士,或是由于党组织的指示安排,或是出于个人的兴趣影响,后来转入"教联",继续参与左翼文化运动。如在1934年,"社联"成员黄乃一转入"教联"工作;1935年,"文总"安排郑伯克将工作关系转至"教联",后担任沪西区委书记。"教联"的党团书记也多由其他组织转入,如曾任"社联"常委的张敬人,经组织指派担任"教联"党团书记;曾任"左联"党团组织部长的王尧山,也在后来调任"教联"党团书记一职。

在组织活动上,其他左翼文化团体也时常来到"教联"活动的阵地,结合自身工作给予大力支持。如在"教联"领导下的晨更工学团,"剧联"曾在此演出田汉编写的《江村小景》等进步话剧,并在附近村镇展开巡回演出;"左联"曾举办壁报等文艺园地,以革命诗歌、绘画、散文教育群众;"社联"向群众传播马克思主义理论和文化知识等②。左翼文化人士开展的活动,受到群众的热烈欢迎。

在"教联"活动的女工夜校中,"剧联"先后派出郑君里、王为一、徐韬、郑山尊、崔嵬、吕骥等人,为女工排演独幕剧,包括《放下你的鞭子》

① 黄乃一:《回忆三十年代上海"教联"》,《上海党史资料汇编》第二编(下),第968页。
② 徐明清:《教联活动的回忆》,《上海教师运动回忆录》,第20页。

《二升米》《往哪里去》《没有牌子的工人》《谁是朋友》《回声》《姐妹》《东北之歌》等①。章泯任"剧联"党团负责人时,曾安排姚时晓、吕骥等人前往兆丰路女工夜校,带领工人排演戏剧,在他们的带领下,女工夜校学生排演出不少反映生活实际的话剧,排好后在"工友团"开会时演出②。

除话剧外,一些活跃于左翼音乐界的进步人士也来到女工夜校:麦新曾前往浦东、虹口女工夜校开展教唱活动;吕骥、孟波、田蔚等人曾来到兆丰路女工夜校,教学生演唱《义勇军进行曲》《开路先锋》《大路歌》《毕业歌》《新女性》等救亡歌曲;孟波、吕骥、麦新等人曾来到杨树浦女工夜校,教学生演唱《新女性》《自由神》《工人自叹》《义勇军进行曲》《渔光曲》等歌曲。耐心、热情的态度,让他们受到学生的热烈欢迎。

1935年,在"左联"的领导下,上海业余歌咏队成立,吕骥任负责人,冼星海、沙梅、周钢鸣、孙慎、麦新和孟波任常委。有些在女工夜校接触到演唱活动的积极分子后来加入其中,通过演唱进步歌曲的形式,传播进步思想,宣传党的方针和主张,提升大众政治觉悟,鼓舞他们的革命斗志。此外,包括张修等"教联"成员,也积极参与到由"音乐小组"举办的"业余合唱团"活动。

第三节　"教联"参与的革命斗争实践

"教联"成立后,其活动并不止于教育领域,而是扩展至广泛的社会革命活动中。"教联"成立之时聚集的百余位成员,有相当部分是经党组织介绍而来的党员和进步群众,在国际、国内重大事件和纪念日时,他们会根据党的指示和要求,参与散发传单、张贴标语,以及参与各类飞行集会、

---

① 上海市浦东新区史志征集编纂室、上海市浦东新区烈士陵园管理所编:《浦东新区英烈传》,华东理工大学出版社1994年版,第114页。

② 邓洁:《三十年代上海基督教女青年会的女工夜校》,《上海党史资料汇编》第二编(上),第525页。

游行示威等活动。

在实际斗争工作中,"教联"十分重视对工人运动的参与和支持。1934 年 2 月,美亚织绸厂为应对外国同类产品向中国的倾销,降低生产成本,便试图降低工人工资。随后,由于劳资双方谈判破裂,在一些共产党员和共青团员的积极行动下,开始了一场轰轰烈烈的罢工运动。"左联"大众化工作委员会和"社联""教联"成员在其中发挥了积极作用,他们发挥自身专长,开展了一系列宣传活动,并以成立工人文艺小组、工人夜校等形式,有力地促进了美亚织绸厂总厂和八个分厂,共计数千名工人的紧密联合,成为上海工人罢工运动的一次典型案例,产生了热烈反响。此外,1935 年初,"教联"成员也参与了反对申新七厂被低价拍卖而开展的一系列抗议活动。

曾在"教联"长期工作的黄乃一,亲自指挥、参与多次大型集会、示威活动。如在 1934 年冬,"教联"发动三个小组的二十余位成员,在爱国志士潘洪生的出殡仪式上发动飞行集会,散发传单,发表演讲,宣传中国共产党的抗日主张,揭露国民党当局"攘外必先安内"的反动实质。1935 年 1 月,在"文总"统一指挥下,"教联"组织数十位成员参加纪念一·二八淞沪抗战三周年的游行示威。他们在金城戏院外集合,趁着观众最多时,以连擦三个灯泡的爆炸声为号,集会成员高呼"打倒帝国主义!"口号,一直游行到预定的解散地点。同年,"教联"在"五一""五四"等纪念日,连续开展散发传单、张贴标语的"突击"活动①。

在参与革命活动的过程中,"教联"也一定程度上存在秘密工作方式,在开会时,"有一套框框,先是形势报告,其次是汇报和布置活动……'教联'成员间的联系有暗号和接头地点的记号"②。这实际上同地下党组织活动无甚差别。这种秘密活动方式还反映在"教联"成员的日常联络中,

---

① 参见黄乃一:《回忆三十年代上海"教联"》,《上海党史资料汇编》第二编(下),第971 页;黄乃一:《难忘的一年——忆在上海"教联"的战斗生涯》,《上海党史资料汇编》第二编(下),第 980—983 页。

② 刘季平:《教联的建立及其发展》,《上海教师运动回忆录》,第 7 页。

他们需通过在接头地点留下记号,或借助"教联"的交通员进行联络。作为当时的交通员成员之一,吴新稼回忆:

> 一九三三年十月初,我离开了晨更工学团到市区,担任教联的交通员,专门负责分发文件给盟员和小组。交通员是绝密的,我们住处只有两个人知道,一个是丁华,一个是文总的交通员。由丁华布置任务,文总的交通员每星期送给我文件。规定交通员只送文件,不能同盟员讲话,不回答问题,不参加群众活动;送达的地名、人名都只能用脑记,不能见诸文字。不送文件时,就在家里读书,联系刻钢板,准备写文件、印文件。每月给我十五元生活费。

> 开始,我先跑西区的几个地方,海格路(今华山路)南洋中学一个高中生是教联盟员,交通大学有一姓韦的教授和一个学生是盟员,交大附近两个地方有盟员,同时也去晨更工学团送文件。后来,送文件的地方有震旦大学、大夏大学、暨南大学、浦东中学以及虹口、杨树浦等地。送文件要注意时间和装束,到学校去要在放学的时候,穿学生装;到工厂区在放工的时候,改穿工人的衣衫。最多时送文件的地方有二十多个,送的都是党的文件,如《红旗》《斗争》、季米特洛夫在德国国会上的讲话等……本来规定交通员是不参加任何群众活动的,但事实不然,还有其他任务。一是撒传单,晚上到南京路永安、新新公司的屋顶花园,趁天黑,将传单撒下去;也有到电影院,趁电灯刚灭,从楼上撒下去。这样撒过好几回。二是写标语,在半夜十一、二点钟进行,用黑墨水或黑漆在街上涂写。传单和标语的内容都是"推翻国民政府"、"打倒蒋介石"、"中国工农红军万岁"、"庆祝反'围剿'的伟大胜利"、"中国共产党万岁"等。第三是参加飞行集会。这是一种规模较大的活动。事先约好时间、地点、暗号,信号一响,奔向预定集合地点跟着喊口号或游行示威。在集合信号之前的半小时,参加者就在附近地点等着,手里拿一样指定的东西,如报纸或书之类。如果超过半小时没有信号,就是撤销行动,自行分散。据说这种飞行集会在一九三一、一九三二年间曾举行多次,有几百人,甚至上千人,但

每次都遭到反动军警围攻、逮捕,党的力量损失很大。一九三三年下半年,我们的力量小了,飞行集会也很难举行了。我是交通员,本来是不应该参加这种活动的,然而也被动员出来,可见当时组织力量的薄弱。可是,我参加两次飞行集会都没有成功。事后说我们的人太少,反动势力大,临时取消了。①

"教联"成员多具有坚定的革命理想,参与政治活动的热情十分高涨,但在实际工作中,由于缺乏有经验的领导者,有时会盲目地、不讲策略地开展活动,造成无谓损失。同样是吴新稼的回忆,就直观地反映了严峻的斗争形势:

那时王明"左倾"错误严重,老莫要求我们鼓动罢工、罢市、罢课,宣传推翻国民党政府、打倒蒋介石等。可是,在我们自己办的店员学习班和五十来个学生的小学里,鼓动罢课对谁斗争呢?所以根本办不到,没有行动。有一次,别人都到上海市区去了,工学团里只有我这个"小先生"和一些小学生,老莫来要我带领学生进行一次行动,写"打倒蒋介石"、"推翻国民党政府"、"工农红军万岁"、"共产党万岁"等标语,弄些浆糊、刷子,到北新泾镇上去张贴。此时,徐明清正好回来,她一看,脸色都变了,命令我们都回去,把全部标语都烧毁。这件事,现在想起来多么可笑、幼稚,但当时许多同志就因搞此类活动而牺牲了。②

"教联"对革命活动的积极参与,左翼教育人士表现出的英勇无畏,值得后人尊敬。但我们也必须承认,"教联"发展过程中,受"左"倾错误影响,加之严峻的社会环境制约,一度过于注重参与政治活动,甚至影响了开展教育活动,而努力团结教育界人士,对大众开展积极有效的教育活动,才是"教联"的应有使命。回望"教联"活动历程,对新兴教育运动理论研究上的略显欠缺,对教育界力量整合、发动的不足,成为"教联"活动数年间的最大遗憾。

---

① 吴新稼:《教联和国难教育社活动片断》,《上海教师运动回忆录》,第28—30页。
② 同上书,第28页。

第四章

"教联"与陶行知

"教联"1932年成立后,于此后近四年时间内,对左翼教育运动开展了积极探索。恰在同一时期,陶行知在上海向工农大众进行了一系列普及教育的活动。出于一致的教育路径与奋斗目标,加之不少"教联"成员曾是陶行知的弟子或就读于陶行知创办的学校,为"教联"与陶行知开展密切合作提供重要契机。这段与左翼文化团体共同奋战的经历,也为陶行知后来与中国共产党进行紧密合作奠定坚实基础。

第一节 陶行知对新教育的探索

人民教育家陶行知,是一位杰出的民主战士,为中华民族解放事业和中国人民教育事业做出巨大贡献。

"捧着一颗心来，不带半根草去"，这句话是对陶行知一生的真实写照。他的一生，为中国数以千万劳苦大众能够受到教育而鞠躬尽瘁，给中国教育事业发展及所有后来的教育者留下了宝贵财富。

一、陶行知生平及主要活动

陶行知，原名文浚，易名知行，后又改为行知，1891 年出生于安徽歙县。他从小天资聪颖，但因家境贫困，无力上学。几经周折，在当地一名好心校长的帮助下进入金陵大学文学系就读。1914 年，陶行知以优异成绩毕业后，前往美国伊利诺伊大学就读，获政治学硕士学位。后转入哥伦比亚大学研究教育，以杜威、孟禄为师，于 1917 年获哥伦比亚大学师范学院"都市学务总监"资格文凭。同年秋，陶行知回国，先后在南京高等师范学校、东南大学任教授、教育科主任、教务主任，以及中华教育改进社主任干事等职。在此期间，他积极推行平民教学，反对"沿袭陈法，仪型他国"，对教学革新起到推动作用。

1927 年 3 月，陶行知在南京北郊创办晓庄试验乡村师范（1928 年更名为南京晓庄学校）。在这里提出"生活即教育、社会即学校、教学做合一"等理论。1929 年 12 月，上海圣约翰大学为表彰陶行知对中国教育科学的贡献，特授予他科学博士学位。但在 1930 年 4 月，国民党当局因惧怕晓庄学校的革命影响，便以"勾结叛逆，图谋不轨"等罪名通缉陶行知并查封学校，迫使陶行知流亡日本。

复杂的外部环境不能阻挡陶行知对教育事业的探索。回国后，他将生活教育与民族、民主革命结合起来，先后组建山海工学团、晨更工学团，以及生活教育社、国难教育社等组织。1934 年，他创办《生活教育》半月刊，并发表短文，认为"行是知之始"，并从此将名字"知行"改为"行知"。

除教育事业外，陶行知还长期关心国家发展和民族危亡。1936 年 7 月，他受全国各界救国联合会委托，以国民外交使节身份赴欧洲、美洲、亚洲、非洲的 28 个国家和地区，宣传中国人民抗日救国主张，动员各国侨胞出钱出力,共赴国难。1938 年,他启程回国参加抗战,始终没有忘记对教育事业的关心与责任。途经香港时,他创办了中华业余补习学校;到达桂林后,他又组建了生活教育社,并被选为理事长。为配合中国共产党提出的全面抗战政策,陶行知倡导开展全面教育运动,参与建立中国战时教育协会,起草了《战时教育方案》。1939 年 7 月,他在重庆凤凰山创办育才补习学校。全民族抗战期间,育才学校培养了很多革命战士和专业人才。

抗战结束后,陶行知加入中国民主同盟并当选为中央常务委员兼教育委员会主任,主编《民主教育》和《民主》周刊,积极推进民主与教育运动的发展。1946 年,他在重庆创办了社会大学并担任校长,李公朴任副校长。同年 4 月,陶行知积极投入到反内战、反独裁、争取和平民主运动中,筹划育才学校迁沪等事宜。7 月 25 日,在得知李公朴、闻一多相继被国民党特务暗杀后,陶行知因受刺激过深,加之过度劳累,罹患脑溢血症,猝然病逝,年仅 55 岁。

二、陶行知对新教育的认识

陶行知在对教育的长期探索过程中,对于中国教育发展,特别是新教育理念做出充分设想。无论是对新教育本身的思考,或是对新学校、新教师、新学生、新课程、新教材的认识,其思想都超越了所处时代环境,具有洞穿历史的力量。

陶行知对于新教育理念进行深入思考。在他看来,一种教育能否被称为是新教育,主要由以下三个标准所决定:一是"自新",认为不能"倘若忽而学日本,忽而学德国,忽而学美国、法国,那是终究是无所适从"①,必须依据中国的国情,走出自己的路;二是"常新",对教育的探索,不是偶尔做一次,而是做到"日日新";三是"全新",这种新教育不仅是形式方面的

---

① 《新教育》,方明主编:《陶行知全集》第 1 卷,四川教育出版社 2020 年版,第 266 页。

新,更要有精神上的新,才是内外一致,否则就称不上是新教育。

陶行知认为,新教育所能达到的目的,就是要"养成'自主'、'自立'和'自动'的共和国民"①。"自主"就是由自己的主见,能够形成完整的自我主张;"自立"就是能做到自给自足,不依赖于别人;"自动"便是通过新教育,能发挥出个人的主动性,其对社会的认知、国家意志的服从并非被人逼迫,而是处于发自内心认同。

针对新教育各组成部分,陶行知也进行反复思索。首先,针对新学校问题,陶行知认为:"我国学校的弊病,不但在与社会相隔绝,而且学校里面,全以教员做主,并不使学生参与。"②在这样的氛围下,学生难以对学校产生认同感,只有让学生、教师产生互相认可、协同共进,能与学校同甘共苦,新学校才能够得到建立。

陶行知对新学生问题进行了思考。在他眼中,"学"是要自己去学,并非坐而受教;"生"则是生活、生存之意。学生所学的,就是在社会中去生活、生存之道。想要成为一名"新学生",就必须用每天的一举一动,将自己着力引向最高尚、最完备、最长久和最有精神地位之境界。

陶行知也把对新教师的问题提上了新的高度。正如他所言:"新教员不重在教,重在引导学生怎么样去学。"③新教师群体必须要有信仰心、责任心、同理心、开辟精神和试验精神。无论是大学、中学或是小学教师,都必须认定"教育是大有可为的事,而且不是一时的,是永久有益于世的"④。能否保留这样的信念,将成为决定一名教师能否成为好教师之关键所在。此外,陶行知针对新课程、新教材等涉及新教育领域的其他问题也进行了一定探讨。

陶行知为教育事业殚精竭虑,却受到国民党当局的压制。他历经重重险阻坎坷,却始终没有放弃对理想的追求和实践,无愧为近代中国最为知名的教育家。

---

① 《新教育》,方明主编:《陶行知全集》第1卷,四川教育出版社2020年版,第266页。
② 同上书,第269页。
③④ 同上书,第270页。

第二节 陶行知与山海工学团的创办

1931 年春,陶行知从日本返回上海。在流离生活中,陶行知一面投身于政治活动,猛烈抨击国民党"攘外必先安内"的政策,一面继续研究教育理论。他总结过往经验,开始着手编著有关于晓庄学校的丛书,并致力完成教育领域的著述。陶行知担任《申报》总管理处顾问期间,在《申报》"自由谈"专栏连载表达其教育理想的小说——《古庙敲钟录》中,提出"工学团"计划。在陶行知看来,中华民族的新生命在工学团的种子里潜伏着,他愿意做一个园丁,将这些种子撒遍人间。在教育尚未普及的条件下,工学团有较大机会施行。同时他认为,中国乡村是将成为开展新教育活动的"新大陆",当工学团在中国数百万乡村得以落地生根之时,平等互助、自卫卫人的理念就有可能实现,中华民族便有了实现复兴的希望。这样的理念在教育界引起强烈反响。

到底什么是工学团呢?实际上,这是一个以社会贫苦工农大众为教育对象,以半工半读为活动形式,以开展教育活动为目标的社会组织。工学团要扫去阻碍在学校和社会之间的"碎瓦颓垣",主张"社会即学校",使整个社会为开展教育服务。

经过一段时间筹备,1932 年 10 月 1 日,践行陶行知这一理念的"山海工学团",于距离大场镇四五里之遥的沪太路孟家木桥旁正式成立。马侣贤任工学团首任团长,后由张劲夫接任。陶行知曾解释学校为什么叫山海工学团:"有两层意思:一是因为我们这个地方处在宝山、上海之间;二是'九一八'事变以后,日本侵占我东北地区,山海关危急,取名'山海'有共赴国难的意思。"①陶行知还专门写了一首诗,表达他创办山海工学团的决心:

---

① 张东:《陶行知职业教育思想研究》,西南交通大学出版社 2017 年版,第 95 页。

弄东一弄东,乾坤属儿童,

我们是真理的传布者,瞄准乡村向前冲。①

山海工学团在成立后,长期缺乏人力、物力,发展受到一定限制。但在艰困情境下,山海工学团的创办者们依然尽其所能,为自身发展提供尽可能好的条件。如在卫生方面,工学团内设置了诊疗所;在交通方面,工学团组织团员共同修筑道路;在娱乐方面,团内配备了无线电播音机等设施收播音乐,等等。

值得注意的是,工学团成立伊始,即形成较为完善的组织结构和明晰的活动内容,这对工学团的发展有着重要意义。在一篇名为《上海大场工学团概况》②的文章中,对这一方面进行了较为详细的记录:

(二) 组织

1. 团员的种类:团员有两种。常在团部工作者为电核团员;常在团部周围工作而为经济所困,每星期只能到团部集合一次者为电子团员。

2. 组织的情况:工学团设小团长一人,小团团副一人,掌指挥全团之权,由全体团员选任之;同时,设小工师(即小先生若干人)。分司技术或指导之职,凡有一技之长或粗识文字者皆可担任。团部会议为工学团最高机关,制定全团共同遵守之规约及共同进行之计划;并共推考核员二人,以监督全体团员及职员之行为和工作。每团设指导员一人,由导师担任。儿童工学团与成人工学团遇必要时,得开联席会议,以谋互动。

(三) 活动

1. 一切的工作,均由团员自己去干,另外有负责的指导员从中加以指导。这种指导员不称作教师而称为工师。同时,学生则称为艺友。

---

① 《瞄准乡村向前冲》,《陶行知全集》第 7 卷,第 487 页。

② 王敦善:《上海大场工学团概况》,中国教育社编:《教育与中国》第 6 期,1934 年 12 月 15 日,第 29—30 页。

2. 一切的活动,均是遵着"在劳力上劳心"的原则向前干的。所以他们不是像往日死读书那样,而是要亲自下手去作劳动的尝试,由生活中求得活知识。

3. 会的人教不会的人。大家都抱着"即知即传"的主张,以为普及教育之唯一的方法。

4. 以极经济的时间来教工厂的工人。工人每日作工,毫无暇晷。因此,发明十分钟的教育方法来教育工人。那就是以三分钟的时间做一种极短的科学试验,二分钟谈一件当天的时事,五分钟认识两个字。倘若他们有闲暇时间则可以延长下去。

5. 工作之考核,则利用表格来记载。其种类:有小团长每周报告单,小先生履历表,电子团长履历表,小先生每周报告单,小先生成绩登记表……等等,均由小团长小先生们自己填写。

6. 利用六种普通训练,以作推进乡村之原动力:如军事,生产,科学,识字,民权等。

7. 以劳苦大众为活动之对象和领域。譬如董事会则以纯粹的农人工人为主体。因为唯有他们自己才可以感到何种是切身的需要,何种教育为自身才可以感到何种是切身的需要,何种教育为自身所必不可少的求生之工具。别人的,不过站在辅导的地位。

陶行知与山海的教师,和农民同吃、同住、同劳动、同学习。他还和大家一起研究,制定了农村的工作大纲:

(一)调查本村实况以创造自治的村庄;

(二)培养本村体力以创造健康的村庄;

(三)开发本村交通以创造四通八达的村庄;

(四)增进本村生产以创造足衣足食的村庄;

(五)启发本村知识以创造科学的村庄;

(六)改良本村风俗嗜好以创造进步的村庄;

(七)提倡本村艺术以创造美的村庄;

(八)锻炼本村武艺以创造自卫卫人的村庄;

（九）共济本村急难以创造互助的村庄；

（十）报告现代大事以创造与大的世界沟通的村庄。①

踏实、认真的态度，让山海工学团得到附近地区农民的积极响应。成立不到一年，就有三百余人参与其中。工学团属于半工半读性质，上午上课，下午在合作生产社里学养鸡、养鱼、养兔、养蜂、织布、种棉花等。不久，山海工学团附近十里方圆的村庄，又陆陆续续出现了红庙、彭浦、曹泾浜、北孙宅、大桥头、沈家楼、肖场、夏家宅等8个工学团，山海工学团在其中起领导作用。工学团的出现不仅提升了工农群体的文化水平，也对生产工作起到了促进作用。如1933年秋成立的棉花工学团，由陶行知、张劲夫担任顾问，推广良种斯字棉，产量比本地鸡脚棉高2—3倍。新棉种迅速从孟家木桥、沈家楼推广到整个大场地区及顾村、罗店等地。

山海工学团通过对农民和工人开展教育，与当地群众产生了密切联系。夏日傍晚，院子里经常坐满人，男女老少乘凉聊天。有时学唱歌，有时谈国家形势，宣传抗日救国。张劲夫、杨应彬等教师和农民们亲如家人，山海工学团还曾领导农民开展抗租抗捐运动，到国民党大场镇公所请愿，提出"反对苛捐杂税"口号，后取得了斗争胜利②。

山海工学团也是开展革命活动的重要据点，团内聚集了包括严竟成、张劲夫、张敬仁、林一心等十余名共产党员。张健通过向工学团群众介绍《共产党宣言》，介绍革命道理和工农红军，不少人心中形成了"跟共产党干革命"的信念。团内不少成员后来加入"教联"，鲁藜、杨应彬等人在这里加入中国共产党。受限于贫乏的物质条件，在"教联"党团书记张敬人的带领下，新党员们只得将镰刀锄头图案画在"红锡包"香烟纸壳上，以此完成"党旗"制作和宣誓环节③。这样的入党宣誓仪式也许不规范，但丝毫没有影响他们入党的庄重性和严肃性，也更加坚定了新党员们为中国

---

① 《宝山县试办乡村儿童自动工学团组织大纲草案》，方明主编：《陶行知全集》第3卷，四川教育出版社2020年版，第159页。

② 参见徐治平：《山海工学团哺育我走上革命道路》，《上海党史资料汇编》第二编（下），第991—992页。

③ 王玉树：《解读鲁藜诗歌札记》，天津教育出版社2003年版，第122页。

革命胜利而不懈拼搏的坚定意志。

八一三事变爆发后，工学团所在地成为战区，部分师生撤退到租界，组织"里弄工学团"，创办报童学校，开展难民教育工作。在张劲夫领导下，山海工学团内部分师生后来加入战地服务团，奔赴抗日前线。有的成员加入了由吴新稼负责的"孩子剧团"，奔赴全国各地宣传抗日救亡运动。上海沦陷后，部分师生前往难民收容所工作，通过组建"菜贩互助会""戒赌会""露餐会""兄弟会"等半公开团体，开展多种形式的抗日救国活动，坚定大众抗日必胜的信心①。

第三节　"教联"与晨更工学团

1931 年至 1936 年，陶行知通过创办工学团等多种形式，在劳动群众中普及教育，并要求这种教育活动必须同生产活动实践紧密结合，契合了广大群众的实际需求。此类教育活动的开展，也是对国民党当局在教育工作中长期停滞不前、无视底层群众受教育权利的直接抗议。陶行知所开创的此类新型教育形式，虽与"教联"领导的左翼教育运动在指导思想上不完全一致，但于实施路径和实现目标中，却存在一定重合。包括徐明清、孙铭勋等"教联"成员，均参与到陶行知所领导、建立的各类新型教育组织中，并在其中扮演重要角色。其中，同"教联"关系最紧密的，就是由徐明清所筹办、领导的晨更工学团。

山海工学团的成功筹办，鼓舞了包括陶行知在内的众多新教育探索者。他们希望通过中国共产党的帮助，在工人中再办一个工学团，继续扩大工学团的影响。为此，就需要物色合适的人选和地点。这个任务，后来便交由晓庄时期陶行知的学生——徐明清负责。

---

① 参见《捧着一颗心来　不带一根草去——陶行知创办山海工学团》，中国人民政治协商会议上海市宝山区委员会文史资料委员会编：《宝山史话》，1989 年印，第133 页。

徐明清自幼刻苦学习文化知识,通过阅读进步刊物,她开始拥护中国共产党领导的革命和民族解放运动,参与到反帝爱国活动中。徐明清在1926年加入共青团,自此踏上革命道路,此后她长期在国统区从事党的秘密工作。1928年9月,经团中央同意,徐明清进入南京晓庄学校学习,成为首任团支部书记,后于1929年秋加入中国共产党,任晓庄党支部委员、妇女干事。1932年7月,徐明清与赵平生经丁华介绍一同加入"教联",负责沪西区工作,不久后担任"教联"常委一职。当时,北新泾集中生活着不少难民,一家难民工厂也坐落在那里,徐明清通过陶行知认识了老同盟会会员、商务印书馆交际股股长——黄警顽先生,由黄警顽介绍到难民工厂担任教育科长,在那里创办青工业余学校和成人识字班,有二三百人参加学习。在教学中,徐明清结合识字教育进行阶级教育和爱国主义教育,在青年工人群体中发展共青团组织。

接过组建新工学团的任务后,徐明清便开始四处联络,筹措所需资金并选择适合的地址。她通过黄警顽得到了资金支持。在自己曾经工作过、情况较为熟悉的北新泾镇,徐明清选定了一个较为理想的场所。经过一段时间筹备,1932年10月,徐明清在北新泾镇东南陈更村七号①张士山家租了五间平房,将在此处成立的工学团命名为"晨更工学团"。工学团后来迁往罗别根路(今哈密路)、小金更村等地。

在筹备初期,为支持晨更工学团的发展,陶行知特派其在晓庄学校的另一名进步学生代表——王洞若前来协助。除此之外,晨更工学团主要成员还有陈茜若、陈企霞、田沅、王东放、赵章、孙达生、柴川若、袁超俊等。陈茜若、陈企霞曾先后担任晨更工学团共青团支部书记。晨更工学团的工作人员,由筹建时的两三人逐步发展到二十多人。

自晨更工学团成立伊始,"教联"积极投入其发展中,后派来林迪生等人协助开展有关工作。在亲历者看来,"晨更工学团是用工学团这个公开

---

① 今新泾乡曙光村陈更浪7号。

合法的牌子,按照党的指示、教联的要求进行工作的"①。这里也成为严峻社会背景下,"教联"开展活动最活跃的单位之一。如徐明清回忆:

> 教联常委会曾一度设在这里。常委会通常每周开一次,一般是个人谈谈一周来的工作,互相交换情况,研究问题及布置今后的工作。有时文总也派人出席,传达一些重要的消息,对我们的工作做些指示。在文总和教联常委同志的共同努力下,我们在工学团内部发展了进步力量,建立了教联小组和青年团支部。②

晨更工学团虽有条不紊地组建了起来,但资金上的匮乏极大程度地限制其发展。彼时工学团开展教学所用的黑板、桌子、板凳等设备大多是借来的,但即便如此仍不能完全满足学生基本需求。他们只得就地取材,在砖头上放块木板充当课桌,用砖头搭建简易板凳。生活条件上,教师、学生也面临更加艰苦的境地,有时连"吃饱、穿暖"的基本要求都难以满足。正如孙达生回忆:

> 工学团是没有经费来源的,全靠陶行知、黄警顽两先生从自己的生活费中尽量节省出一点钱,以及随时向社会上同情者募一点钱来维持。工作人员没有工资,一切劳动服务大家动手干,有时连简单的伙食也发生困难。从陶行知先生处领到一点钱仅够买几十斤米,从自己种的菜园里拔些鸡毛菜再加上点油盐,煮一锅菜饭,大家吃起来都说很富有营养。一次遇到米也断档了,明清不得不把自己的钢笔送进当铺,当两元钱应急,然后对大家开玩笑说不管谁搞到钱,一定先赎笔,不能让知识分子长期缴械。③

师生过得虽清苦,办学条件虽简陋,但为达到更好的教育效果,晨更工学团仍尽其所能,组织了丰富活动。如通过举行晨会,团员探讨时事新闻,有时也谈及组织工作、劳动种植和生活问题。工学团还特意在大场租

---

① 徐明清:《教联活动的回忆》,《上海教师运动回忆录》,第 17 页。
② 徐明清:《明清岁月:徐明清回忆录》,中共党史出版社 2014 年版,第 72—73 页。
③ 孙达生:《我所了解的徐明清同志》,中共中央党史研究室编:《中共党史资料》第 31 辑,中共党史资料出版社 1989 年版,第 62 页。

了15亩地,盖了三间草房,孙达生等负责在此筹办了北场胡农场,种植西红柿、包心菜等,以接近、发动群众并开展劳动实践。

晨更工学团还筹办了沪北工人区小学,主要招收附近的工农子弟学生,也有一些是父母在上海工人三次武装起义中牺牲的烈士子女。学校约有五十多个学生,还设立了幼儿班。在教材上,学校除使用国民党当局发行的小学教科书外,也通过收集材料,结合不同年龄段学生的接受能力,对他们开展革命教育。在课程设置上,小学主要课程由徐明清等人负责,英语由王洞若任教,日语由田沉任教。

为更好服务广大工农群众,工学团针对工人、农民和店员群体兴办夜校和补习班,还举办过几种外语学习班,并在罗别更路设立"晨光图书馆"①。补习班、学校中的教师,会根据不同授课对象的文化水平,为他们提供难易程度不同的教材和讲义。此外,他们还注重启发学员思考,使他们了解、认识革命道理。如时任教师的王洞若平日努力学习马克思主义理论,尤其重视学习哲学知识,阅读了较为丰富的社会科学书籍。他在上课时十分注意联系现实情况,将文化知识教育和革命宣传工作紧密结合。他还成为团员们的"读书导师",带领大家共同阅读包括杨贤江的《新教育大纲》、苏联学者波格达诺夫的《社会意识学大纲》及日本学者河上肇的《资本论大纲》等。由于多数学员的文化水平并不高,他们对此类具有极强理论性的著作的理解不一定深刻,但在耳濡目染中,加之各种讨论会的开展,这些补习班、业余学校的学员了解了更多社会科学常识,对时政问题的认识更为充分,政治素养得到显著提升。

除以上途径外,晨更工学团还通过举办社会科学讨论会、文学讨论会、时事讨论会等,以讨论的形式启发学员对国家大事和社会热点问题提出自己的看法,引起大家对时事形势和社会问题的思考和探索。在讨论会的最后,老师会进行归纳总结,使这种讨论切实发挥教育作用。条件虽

---

① 参见沈积飞:《沪西教育工作者联盟和国难教育社沪西分社》,政协上海市普陀区委员会文史资料委员会编:《上海市普陀区文史资料》第2辑,1991年印,第20页。

简陋,但丰富的活动仍吸引了许多工人、农民、店员的参与,课堂里时常一位难求。学员更是风雨无阻,赶来听课。群众中产生的热烈反响,有力扩大了晨更工学团在社会上的影响。

但在后来,受到王明"左"倾错误影响,工学团在开展工作时出现了一些不符合实际斗争情况的做法。如一些工学团成员忽视了隐蔽和积蓄力量,在晨更工学团周围的围墙、篱笆上张贴引人注意的标语和口号,还在公开场合召开会议,讨论革命内容。这些行为引起国民党当局的注意,最终导致晨更工学团遭到查封,包括陈企霞、袁超俊、柴川若、王东放、赵章等一批骨干成员被捕。未被逮捕的王洞若等人也只得就此离开工学团,转入"教联"及其他团体继续革命工作。

第四节 "教联"与陶行知的成功合作

从现存的史料中,我们没有发现任何陶行知加入"教联"的记录,在亲历者的回忆中,也没有人提及陶行知是"教联"的成员,但从"教联"的发展角度而言,陶行知至少发挥了以下三方面的积极作用。

第一,"教联"得以汇聚大批教育界进步人士,陶行知的培养功不可没。"教联"中的不少骨干成员由陶行知亲自培养,或是曾在陶行知所创办学校中就读,其中包括毕业于南京晓庄学校的"教联"首任书记刘季平及徐明清、王洞若等人。这些陶行知的弟子在加入"教联",投身左翼教育运动后,较好地融会贯通陶行知的教育理念,开展一系列富有成效的活动,得到陶行知的充分肯定和信任。

陶行知个人所具有的宽阔胸怀,也让"教联"成员印象颇深。如在一段时期内,由于受到"左"倾错误思想的影响,面对陶行知提倡的少生、晚生、优生、优育、优教以提高民族素质,包括刘季平在内等人对他进行了严厉批评,甚至因此给他扣上了"改良主义""实用主义""新马尔萨斯主义"的帽子。不过,陶行知并未因此与他们分道扬镳,而是通过开展师生间平等对话的途径,一同探讨、研究这些问题①,还对这些青年学生进行了多方保护。这样的崇高品质,为今后"教联"的团结奠定了坚实基础。

第二,"教联"在组织和活动上的拓展,得到陶行知的大力支持。陶行知作为当时具有较高社会影响力的知名人士,由他所创办的各类教育机构,往往受到社会各界的重视,在开展工作时较为便利,较少受国民党当局袭扰。在陶行知的大力支持下,"教联"积极利用此类职业学校和工学团等机构,进行公开、合法的活动,在普及文化知识的同时开展思想教育,使广大群众了解政治形势、提高革命觉悟。这种以合法形式开展的教育活动,也在实践中取得显著效果和长久影响。

"教联"成员遇到生活困难甚至不幸被捕时,陶行知也会竭尽所能,提供各项帮助。如1932年刘季平遭到逮捕,陶行知在得到消息后立即予以协助,在短时间内筹措到500银元以聘请律师,积极组织营救活动。正是在陶行知的帮助和律师的辩护下,刘季平仅被判5年。入狱后,刘季平在狱中仍积极展开斗争,撰写不少文章,发表于《生活教育》杂志②。1934年,刘季平被转移至山东烟台关押后,陶行知还亲笔写信交给徐明清,希望通过冯玉祥将军施加营救,却遗憾未能成功③。

第三,陶行知与"教联"合作的确立与深化,为他同中国共产党进行紧密合作奠定坚实基础。自20世纪30年代中期,陶行知就开始活跃在左翼文化运动阵地上,并同在"文委""文总"工作的田汉、钱俊瑞等人建立起联系,开展了同中国共产党人的紧密合作。陶行知还曾参加"文总"工作会议,听取从中央苏区来上海的同志作的苏区情况报告④。在投身左翼文化运动、推进开展新教育实践的过程中,陶行知对学习马克思主义理论

①　参见刘季平:《陶行知与新文化运动》,北京市陶行知研究会:《陶行知研究》,湖南教育出版社1987年版,第324页;杨应彬:《刘季平同志给人们无尽的思念》,江苏省如东县政协文史资料委员会编:《纪念刘季平文集》,书目文献出版社1990年版,第30页。

②　周洪宇:《陶行知生活教育学说》,湖北教育出版社2011年版,第67页。

③　《明清岁月:徐明清回忆录》,第107—110页。

④　袁永松主编:《伟人毛泽东》上卷,红旗出版社1997年版,第873页。

的热情愈益增加。他曾通过发起读书会等形式,与自己的学生王洞若、严竞成、戴伯韬等人共同学习马克思、恩格斯和列宁的著作,愈发明晰地认识到马克思主义理论的科学性,对于理论与实践的关系也有了更为深刻的理解。1934 年 7 月,陶行知发表文章阐明"行是知之始",并将自己改名为"行知",表达了他对唯物史观的彻底接受。

1935 年下旬,当陶行知了解到由中国共产党驻共产国际代表团发表的《八一宣言》时,他对这一文件表示高度认同,并随后同中国共产党一道,立即投入各类抗日救亡的运动中。1936 年,他发起组建国难教育社,并当选社长,原"教联"成员也转入这里,同陶行知继续开展紧密合作,丁华、王洞若、张敬人、张劲夫等人也成为国难教育社的领导中坚与骨干力量①。陶行知在桂林、重庆所创办的一系列教育组织,也都离不开中国共产党的积极支持,原"教联"成员于其中负责了诸多具体工作。在 1936 年至 1946 年的十年中,陶行知多次与毛泽东等中国共产党领导人进行会面、通信,在抗日救国、国家前途等问题上与中国共产党坚定地站在一起。特别是在重庆谈判期间,毛泽东与陶行知进行了多次会晤,表达了对他所倡议新教育理念的认可和高尚品德的钦佩,还倡议抗日战争胜利后应由陶行知担任新政府的教育部部长一职。

1946 年 7 月 25 日,陶行知逝世后,周恩来在给中共中央的电报中表示:"十年来,陶先生一直跟着毛泽东同志为代表的正确路线走,是一个无保留追随党的党外布尔什维克。……假使陶先生临终能说话,我相信他必继韬奋之后请求入党。"②在陶行知逝世当天,毛泽东与朱德联名发出唁电,表示:"惊闻行知先生逝世,不胜哀悼!先生为人民教育家,为民族解放与社会改革事业奋斗不息,忽闻逝世,实为中国人民之巨大损失。"③8 月 11 日,《解放日报》发表毛泽东题写的挽词:"痛悼伟大的人民教育家

---

① 关于"教联"成员转入国难教育社的详细过程,将在本书第五章具体阐述。

② 周恩来:《一个无保留追随党的党外布尔什维克》,江苏省陶行知教育思想研究会:《纪念陶行知》,湖南教育出版社 1984 年版,第 3—4 页。

③ 《毛泽东同志朱德同志唁电》,《纪念陶行知》,第 1 页。

陶行知先生千古！"①，表达了对陶行知逝世的悲痛之情。

正如陆定一在代表中共中央追悼陶行知的致辞中所言："要为中国人民的教育事业服务，教育家是不能不问政治的，而且不能不在政治上坚决站在人民的方面，作坚强的奋斗。"②陶行知先生在探索教育理论、推进教育实践的过程中，与广大劳苦群众坚定地站在一起，相信人民的力量与智慧，通过自身不懈努力，提升大众受教育水平。在反抗独裁、追求民主的运动中，无惧国民党当局的暗杀威胁，通过支持"教联"的发展、保护"教联"成员等方式，坚定表达了自己的政治立场，成为中国共产党在文化战线上的亲密战友。陶行知的崇高理想信念、杰出道德品质，将永远镌刻在全体中华儿女心中，并值得我们不断学习、发扬。

---

① 逄先知主编：《毛泽东年谱 1893—1949》（下），中央文献出版社 2005 年版，第 116 页。
② 陆定一：《悼人民教育家陶行知先生》，《纪念陶行知》，第 3—4 页。

第五章

"教联"的解散

　　1935 年，中国共产党发布《八一宣言》，号召中国各党派、各团体停止内战、共同抗日。此后，包括"教联"等左翼文化团体，根据中国共产党倡导建立抗日民族统一战线的政策，结合自身任务与特点，对各自的纲领进行了相应修订，"教联"的第二份纲领也由此诞生。但在纲领公布后不久，"教联"却突然宣布"解散"，成员转入至国难教育社。目前，针对"教联"因何宣布解散，"教联"同国难教育社的关系等问题，亲历者和学界仍存在多种不同观点。厘清"教联"的后期发展和解散过程，将有助于建构更为完整的"教联"形象，也能使世人深刻认知中国共产党的领导在左翼文化运动中起到的关键作用。

第一节 新"文委""文总"的成立与 "教联"新纲领草案

一、"教联"重整旗鼓再出发

"文委"与其领导下的"文总",是左翼文化运动的主要领导机构。在长期斗争环境下,他们在国民党统治区组建了一支坚强有力的革命队伍,通过旗下各左翼文化团体开展多种文化斗争活动,有力配合了中央革命根据地的反"围剿"斗争。左翼文化运动也和各种抗日救国运动相呼应,共同形成了这一时期在上海乃至全中国出现的革命斗争新景象。

但也正因此,国民党当局视左翼文化运动为"眼中钉、肉中刺",企图用各种手段消灭蓬勃发展的左翼文化团体。国民党当局叫嚣开展"文化剿匪",对左翼文化运动的一系列屠戮随之而来。国民党当局成立了图书杂志审查委员会,公布《图书杂志审查办法》,核准《电影检查委员会组织章程》《电影检查委员会办事细则》等①,对社会文化活动予以严格限制。

对于左翼教育界人士,国民党当局也毫不放松。1933 年 12 月 21 日,上海警备司令部发动突然袭击,一夜间逮捕上海各大学中的进步学生百余人。受此影响,包括"教联"在内的各左翼文化团体力量,受到严重打击。1934 年 3 月至 1935 年 7 月,包括中共上海中央局及"教联"等左翼文化团体遭遇数次破坏。1935 年 2 月 19 日,包括"文委"书记阳翰笙,委员田汉、杜国庠等中共上海中央局机关和"文委"领导层共计 36 人同时被捕,"文委"负责人只有周扬、夏衍幸免于难。国民党内一些人甚至乐观地认为"上海的共党组织已全部扑灭"。由于党中央在上海的领导机关已停

① 《"文总"与左翼文化运动》,第 158 页。

止运作,上海党组织及其领导下的左翼文化团体无法继续原有工作方式,
左翼文化运动遭受严重挫折。"文总"及各左翼文化团体,因此失去了与
党中央直接联系途径。

然而,这样的镇压不可能完全"消灭"在上海的党组织,"文总"及各左
翼文化团体的党组织仍然存在,并保存了相当实力,百余名党员在没有上
级领导的情况下坚守各自岗位,等待这段艰难时期过去后再次集合,回归
至左翼文化战线继续战斗。1935 年夏,上海各界群众高涨的爱国主义热
情,要求左翼文化运动急需在此时恢复和调整,一些共产党员和进步人士
也迅速重新集合起来。此前一度沉寂下去,组织被严重破坏的"文委"与
"文总",也自此开始重建。对此,胡乔木回忆:

> 大概是在 1935 年的夏天,左联党团书记周扬和社联接上了关
> 系,并召集各联负责人开会研究今后的工作。在这次会议上,大家推
> 选周扬担任新的文委书记。之后,周扬开始了重建文委的工作。①

在"文委"领导下,成立了新的"文总"领导机构。胡乔木任"文总"党
团书记,陈处泰任行政负责人,联系"社联、教联、新闻记者联、可能还有世
界语联等"②,新"文总"成员还包括王翰、邓洁等人。

1935 年 7 月,共产国际第七次代表大会在莫斯科召开,会议提出建
立广泛的反法西斯统一战线和人民阵线等新精神。中国共产党驻共产国
际代表团据此精神,草拟了《中国苏维埃中央政府、中国共产党中央为抗
日救国告全体同胞书》(《八一宣言》),8 月 1 日通过,后于 10 月 1 日③在
巴黎《救国报》上发表。同年下旬,在上海的"文委"和"文总"成员,虽早已
失去与中央和上级领导的联系,但借助上海的便利国际信息渠道,通过共

---

① 胡乔木:《一九三五年至一九三七年间在上海坚持地下斗争的文委、文总和江苏省
临委》,《上海党史资料汇编》第二编(上),第 224 页。

② 王翰:《与党中央失去联系之后》,《上海党史资料汇编》第二编(下),第 580 页。

③ 《中国苏维埃政府、中国共产党中央为抗日救国告全体同胞书》于 1935 年 10 月 1
日首次在巴黎《救国报》上发表,文件注明日期为 1935 年 8 月 1 日,故又称为《八
一宣言》。参见中共中央党史研究室第一研究部译:《联共(布)、共产国际与中国
苏维埃运动(1931—1937)》第 15 卷,中共党史出版社 2007 年版,第 44 页。

产国际的英文杂志《国际通讯》和《救国报》等途径,他们及时收悉共产国际和中国共产党驻共产国际代表团的最新精神。周扬、夏衍和胡乔木等"文委""文总"领导人,在了解并讨论新形势和新精神后,立即着手转变左翼文化运动的策略,改变一些不适当的工作方式,冲破"左"倾关门主义束缚。他们开始着手制定各左翼文化团体的新纲领草案,厘清各团体的工作思路,使左翼文化运动在新的国际、国内形势下更好发挥出自身特点。

1935 年 10 月 25 日,第十一期"文总"机关报——《文报》出版。该期最为重要的内容,就是刊登了胡乔木、王翰、邓洁等人起草,以"文总"常务委员会名义发出的《关于发表新纲领的紧急通告》,以及"文总""社联""教联""记联""妇联"和"左联"的新纲领草案。这些组织能在此时发表新纲领文件,既是对本团体的重要整顿措施,也从侧面表明这几个团体能够开展有效工作,对左翼文化运动起到了实际推动作用。

在"文总"的新纲领草案《中国左翼文化总同盟纲领草案》中,对文化斗争任务进行了分工。其中,"在教育方面,由教联负责。在满足群众的求知欲与学习热的实践中,运用马克思列宁主义的理论武器,建立革命的教育原理,向反动的教育原理及其制度作斗争"[①]。进一步规划和指明了"教联"的任务和目标。

在《中国新兴教育者联盟纲领草案》即"教联"新纲领中,我们则能更加详细、深入了解在新的斗争形势下,"教联"工作展现出的新特点、新思路。

中国新兴教育者联盟纲领草案[②]

一   我们对于教育的认识

一   我们认为广义的人类教育,是表现着生产力与生产关系的矛盾的统一,是生活与生活互相影响所起的运动和作用;是主体与客

---

① 转引自《"文总"与左翼文化运动》,第 212 页。

② 同上书,第 216—219 页。在这里对原引文有改动。

体在生活上之矛盾的统一。若从它的狭义说起来,便是幼年的生物个体与成年的社会在生活上之矛盾的统一。

二　我们认为人类一切生活的基础,是维持人类生活资料的生产劳动;一切精神生活都只是人类劳动之派生的产物。因此,通过生活而显现的教育,便不得不以劳动为其唯一的基础。在原始共产社会,教育与劳动是一个同一体,每个未成年的个体,都从集体劳动中不自觉地学得一切生活技能。

三　我们认为当人类开始有了肉体劳动与精神劳动的差别的时候,人类社会便开始分裂成为剥削与被剥削两个阶级。当剥削阶级建立了国家政府等权力机关成为政治形态上的压迫者的时候,精神劳动的生活便在特定场所很快地复演成为学校形态的教育。因为精神劳动对于肉体劳动之优越的支配,不仅教育以生产为基础这事实从此被隐蔽了,并且还维系人类生存,被剥削者之间原始形态的教育的存在也被人无视了。

四　我们认为在特定时代里学校形态的教育,是统治者巩固剥削者利益的最有效的工具。它对剥削阶级的子弟传授人类过去精神劳动的成果,培养精神劳动的能力和维护剥削者利益的世界观;使得被压迫者不仅在生产中受着支配,并且在根据剥削者利益而反映的世界观下面,受着麻醉与欺骗而成为精神上的奴隶。

五　我们认为资本主义社会里所谓强迫教育,补习教育等等,虽然对劳动者开了学校教育之门,但它完全是以资产阶级为依据的,它之所以引进劳动者在学校里学习文字等以及一部分简单的生产技能,完全是为着便利资产阶级可以获得更多剩余价值的剥削。

六　我们认为在国际资本帝国主义窒息下面,中国资产阶级无力完成民族资产阶级的民主革命,中国社会被规定完成一个半封建半殖民地的经济结构,因此从欧美资本主义国家里贩来的所谓"新教育",因为没有适当的资本主义的土壤和水分,终于只有枯萎失败的一途。同时由于中国被剥削被压迫的劳苦大众阶级的觉醒,为面包、土地自由解放而斗争，使中国买办阶级与封建地主所结合的势力走上最反动的法西斯蒂的道路。因此，在所谓"民族复兴"欺骗的口号下面发生了尊孔孟，读经，男女分校，新生活等复古运动，在"生产建设求统一"的口号下面产生了生产教育；在阶级利益独立下面产生了所谓"人材教育"。我们必须强调地指出中国社会的半封建半殖民地性决定中国的法西斯蒂只是一个投降帝国主义，镇压革命的暴力组织；所以法西斯主义所贯彻的一切教育主张也必然是投降帝国主义和麻醉劳苦大众革命情绪的奴才教育。

七 我们认为在废除了剥削制度的人类社会里，教育将不是剥削的工具；每一个劳动者的子弟都可以入学校受到完全的教育。不仅如此，在教育形态上说起来，它将是与整个劳动和整个人类生活成为一致，而推动着人类的幸福和文化不断向上。

八 我们认为人类历史上出现了无产阶级，这一种生产劳动者的时候，才提供了一定的历史上的客观的基础，产生了代表无产阶级利益的革命的世界观——马克思主义，这是历史上的被压迫者第一次获得他们精神上的武器。第一次获得他们自由解放的道路。只有遵循着这条道路，人类社会剥削制度以及顺着这制度而来的精神劳动对于肉体劳动之优越的支配，才能够彻底消灭，教育也只有遵循着这条道路，才能完成历史所赋予它的唯一的使命。

二 联盟所应担负的任务

九 因为我们对于教育的认识是从整个人类生活、历史出发的，所以我们的任务不能和改良主义教育者烦琐地、局部地、非辩证地从教育改进大众某一部分的生活着手。我们第一要交给中国被压迫者的东西，便是马列主义的政治教育。我们不仅要从他们自身被剥削关系中启发他们经济斗争的要求，更应该启发他们政治斗争的实践——反帝、反封建，建立劳苦大众自己的政权。

不仅是被剥削的劳苦大众，我们要给予政治教育；对于在整个民族危机和经济危机下一天天破产没落的学生、店员、教师，我们必须指出他们遭遇破产没落的必然,和只有归附到劳苦大众斗争的旗帜下才是唯一的出路。

十 其次,我们的任务便是对大众实施在政治教育基础上的文字教育。我们认为文字符号是精神劳动之唯一的重要工具。尤其是在中国,由于资本主义之中途夭折和象形文字特有的困难,直到现在,文字这种符号还保留在极少数人手里。我们认为在政治教育的基础上来发展文字教育,便是增加被压迫者斗争的力量。不过,这种工作必须针对着下列两个方向前进:

(1)推行各地方言写法拉丁化运动。

(2)产生马列主义大众化读物。

十一 第三,我们的任务是反对最反动的法西斯的教育和文化统治,争取言论出版集会结社一切的自由。我们要不断的揭破它的欺骗和反动的作用。什么读书运动、识字运动、尊孔读经运动、新生活运动、妇女回家庭去的运动、军训会等运动……都是些诱惑大众、麻醉大众、奴化大众的运动。叫大众去做封建的僵尸,去做帝国主义尤其是日本帝国主义的奴才,发泄他们压杀中国革命的兽欲。

十二 第四,我们的任务是反对法西斯所支持的流派——帝国主义的教会教育和文化侵略以及封建残余的宗法观念和迷信复古。它们现在已经同法西斯结成坚密的同盟,三位一体地来向革命的文化战线施以血腥的总攻,造成文化上的白色恐怖。

十三 第五,我们的任务是对于各种改良的、欺骗的教育理论与教育运动的批判:

(1)首先便是生产教育和村治教育。我们要指出在中国民族工业被帝国主义压制,而要提倡土布运动来救济农村;以及在帝国主义军阀统治的羽翼下而要办村治,都只是小资产阶级的幻想,并且积极地面对大众的麻醉和欺骗,而替统治阶级撑腰。

(2)对于生活教育,一方面我们要批判地接受它的长处,同时要积极地指出它对于生活和教育本质的忽视,和由它派生的识字教育与政治教育联系得不够。

十四　第六,我们要以唯物辩证法来从事教育理论的建设,同时介绍苏联新兴教育理论及苏维埃的教育事业。

十五　第七,我们认定教育与整个的文化和整个社会不能分离,同时,以上所列举的任务,必须和整个文化运动及导引着整个社会变革的运动,紧密地联系起来,走向同一的道路才能够完成。所以,参加整个的文化运动及导引着整个社会变革的运动,是我们不可忽视的一般的任务。

三　我们的组织活动

十六　新兴教育者联盟是中国左翼文化总同盟的一翼,它是文化领域里一个战斗的组织。

十七　凡是能够同意我们对于教育的认识的,和愿意担负我们所应担负的任务的,无论他是工人、农民、店员、学生、教师和对于教育有兴趣的人,都可以加入为盟员;不多对于以教育为职业或研究对象的(一)大、中、小学教师,(二)大学教育系学生,(三)师范生,则尤其希望他们能够参加。

十八　为要保证新兴教育者联盟是一个战斗的组织,我们认为必须具有民主集中制的精神和严格的纪律。联盟内不容许有怠工及反组织的行为;它必须执行自我批判,开展思想斗争,打击任何不良的倾向,保障组织的健全与发展。

中国新兴教育者联盟常务委员会

二、对"教联"两篇纲领的比较分析

在"教联"研究整体较为匮乏,留存史料数量不多的情况下,"教联"两份纲领被先后发现,为研究者探寻"教联"的发展提供了宝贵资料。将两份纲领作一比较,我们也能直观地从马克思主义传播与左翼文化运动关系的角度,分析"教联"的历史作用和贡献。两份纲领的基本精神一脉相承,但在内容上也有一些值得注意的变化,从这些变化可以清晰地看出"教联"对马克思主义的理解日趋深入,对马克思主义的传播和运用日趋自觉。分析两篇纲领不难发展,马克思主义对 20 世纪 30 年代左翼教育运动产生深远影响,"教联"将马克思主义与中国左翼运动实践相结合、在马克思主义教育宣传上所作的贡献,是马克思主义在中国传播历程中的一个不可忽略的历史片段。

(一)"教联"对马克思主义的理解和运用更为深刻

两份纲领相距三年时间,它们共同抨击了现行教育存在的弊端,阐释了新兴教育的理念。但相比较而言,《中国新兴教育者联盟纲领草案》(以下简称《1935 年纲领》)对马克思主义的理解和运用,较之《中国新兴教育社纲领》(以下简称《1932 年纲领》)有显著进步,主要体现在关于教育的本质、教育与生产劳动的关系、新兴教育依靠的主体力量等问题的认识和分析上。

其一,"教联"由抨击旧教育弊端深入对教育本质的马克思主义分析。《1932 年纲领》从三个方面批判了现行教育的弊端。首先,在西方列强加紧侵略中国的形势下,现行教育实质上已沦为帝国主义的工具。"在目前帝国主义加紧进攻中国革命,企图瓜分中国,日益露骨地准备着第二次分割殖民地的世界大战的时候,中国现行教育不仅只是充分地暴露了极度混乱矛盾与无能的状态,而且很明显地成了帝国主义及其代理人的工具,整个地向帝国主义投降了",帮助他们欺骗、麻醉和压迫中国的劳苦大众。其次,现行教育脱离劳动群众,专为剥削阶级服务。"中国现行教育完全脱离了大众,而成为了特殊阶级的姨太太。全国百分之八十六以上的学龄儿童,被摒弃于教育门槛之外,全国百分之八十以上的工农成人过着愚钝的黑暗的文盲生活。"第三,现行教育在经济上已难以为继、陷入绝境。"中国现行教育的经济已濒于百分之百的破产,仅占国家支出的极小部分的仅有的一点点教育经费,也都已被不顾一切地提去充当了军阀混战与屠杀工农的火药费。这种结果使教育界更形混乱,教员生活更形恶化。大批大批的学校停了,大批大批的教师失业了……"

中国现行教育何以陷于如此境地？《1932 年纲领》做了进一步分析，指出这绝非偶然，而是由"整个社会条件"决定的。"中国现行教育的反动与破产不是偶然的病态，更不是仅仅教育方法上的错误，而是整个社会条件所决定的全部教育体系的矛盾的尖锐化。"纲领所说的"整个社会条件"包括两方面内容：一是阶级利益，"教育根本就是被特殊阶级当做装饰自己，制造奴隶和麻醉大众的工具而运用着"；二是社会经济、政治状况，"现社会的日益尖锐的经济恐慌与政治危机，反映于教育上，亦使教育不能不一天天更快速地走上破产与没落的进程"。就是说，中国社会特定的政治、经济状况决定了现行教育的本质，决定它无可救药地陷于困境之中。可以看出，《1932 年纲领》已试图从社会物质生活条件出发去揭示现行教育各种弊端的根源，看到了阶级利益、社会经济和政治状况对教育的影响，这种分析路径已包含有马克思主义的思想元素。

《1935 年纲领》没有简单重复对现行教育的批判，而是首先正面阐述对教育本质的认识。它的第一部分标题即为"我们对于教育的认识"，运用马克思主义关于社会基本矛盾的学说来界定教育，指出："我们认为广义的人类教育，是表现着生产力与生产关系的矛盾的统一，是生活与生活互相影响所起的运动和作用；是主体与客体在生活上之矛盾的统一。"在这里，《1935 年纲领》以生产力与生产关系的矛盾为基础，来阐明教育的本质。教育是社会生产劳动的产物，因而生产劳动的发展是教育活动及其变化的基础。"我们认为人类一切生活的基础，是维持人类生活资料的生产劳动；一切精神生活都只是人类劳动之派生的产物。因此，通过生活而显现的教育，便不得不以劳动为其唯一的基础。"

教育属于社会上层建筑，其产生与发展始终受一定经济基础的制约，因而只有将教育置于社会基本矛盾运动的理论框架中，才能看清教育的本质及其具有的社会功能。《1935 年纲领》将《1932 年纲领》所说的导致现行教育弊端的"整个社会条件"具体化为生产力与生产关系的矛盾运动，由此出发揭示教育的本质及现行教育弊端的根源，在马克思主义的理解和运用上有了更清醒和自觉的意识。

其二,"教联"由倡导教育与生产劳动相结合到探究教育发展的规律及趋势。为改变现行教育弊端,《1932年纲领》提出要兴办一种新型教育,将教育与生产劳动相结合,使服务于劳动大众,不仅让"每个劳动的人都可以受到教育",而且教育过程和教育内容都与生产劳动紧密结合。人们"在教育园地里所学习的东西,也都是他在实际的革命生活中和生产过程中所需要的技术和经验"。实现"教育与劳动与革命的统一",是"教联"初创时的一个基本出发点和追求目标。

《1935年纲领》也倡导教育与生产劳动的结合,但它是从人类社会发展的历史过程,说明教育与生产劳动的关系及这种关系的历史演变轨迹。"在原始共产社会,教育与劳动是一个统一体,每个未成年的个体,都从集体劳动中不自觉地学得一切生活技能"。即是说,在人类社会早期,教育与生产劳动本是浑然一体的,学习在实际劳动过程中进行,教育直接服务于生产劳动的需要。此后,随生产力不断提高,脑力劳动与体力劳动开始分化,出现了阶级分化和对立,教育与生产劳动的关系亦发生变化。"人类开始有了肉体劳动和精神劳动的差别的时候,人类社会便开始分裂成为剥削和被剥削两个阶级",剥削阶级凭借其政治、经济上的统治地位,使教育为他们的利益所用。在资本主义社会,教育成了"便利资产阶级可以获得更多剩余价值的剥削工具",人类社会初期那种教育与生产劳动的联系被破坏殆尽,教育与生产劳动由统一走向分离。但是,随社会化大生产的发展,未来社会发展将改变生产资料的私人占有制,消除人对人的剥削,社会上层建筑也将由此发生革命性变革,此时教育将呈现新的状态:一方面,教育与生产劳动在更高层次上相互结合,教育将"与整个劳动和整个人类生活成为一致";另一方面,教育将"不是剥削的工具",而是以提高劳动大众的文化素质为己任,"推动着人类的幸福和文化不断向上"。

由上可见,《1935年纲领》将教育置于人类社会发展的历史进程中加以考察,在生产力的发展及它与生产关系和上层建筑变革的矛盾运动中,来说明教育与生产劳动的关系,以此论证新兴教育确立的目标——实现与生产劳动的结合之内在依据和客观必然性。恩格斯指出:"每一历史时代主要的经济生产方式和交换方式以及必然由此产生的社会结构,是该时代政治的和精神的历史所赖以确立的基础,并且只有从这一基础出发,这一历史才能得到说明。"①唯物史观分析社会历史现象的这一基本观点和方法,在《1935年纲领》中得到了更为充分的体现。

其三,"教联"由呼吁社会进步力量加入"教联"到注重对新兴教育主体力量的阶级分析。依靠什么人兴办和推动新兴教育,或者说,谁是新兴教育的主体力量? 这是"教联"成立时面对的一个基本问题。从《1932年纲领》看,"教联"对这一问题有自己的思考。纲领在阐明成立"教联"的宗旨后,呼吁"全国教育劳动者以及有志于新兴教育运动的青年,应该立刻总动员起来参加新兴教育社,领导他,加强他的组织,使他迅速地成为更有力和更健全的中国新兴教育运动的中心"。纲领的呼吁大致勾画了"教联"心目中新兴教育的主体力量和依靠对象,但其界定和区分标准并不是十分清晰。

《1935年纲领》较为自觉地运用马克思主义的阶级分析方式,从对中国社会阶级状况的分析出发,对这一问题给出了更为明确的回答。纲领指出,中国的资产阶级,包括他们从国外引入的所谓"新教育",因受到帝国主义、封建主义的压制,是没有发展前途的。"在国际资本帝国主义窒息下面,中国资产阶级无力完成民族资产阶级的民主革命,中国社会被规定完成一个半封建半殖民地的经济结构,因此从欧美资本主义国家里贩来的所谓'新教育',因为没有适当的资本主义的土壤和水分,终于只有枯萎失败的一途"。而中国的买办阶级和封建地主阶级更因与劳苦大众为敌,走上了法西斯道路。"由于中国被剥削被压迫的劳苦大众阶级的觉醒,为面包、土地自由解放而斗争,使中国买办阶级与封建地主所结合的势力走上最反动的法西斯蒂的道路"。因此,他们提出的一切教育主张"必然是投降帝国主义和麻醉劳苦大众革命情绪的奴才教育"。

《1935年纲领》由此得出结论,新兴教育的主体力量只能是无产阶

---

① 《共产党宣言》,《马克思恩格斯选集》第1卷,第385页。

级。"人类历史上出现了无产阶级,这一种生产劳动者的时候,才提供了
一定的历史上的客观的基础,产生了代表无产阶级利益的革命的世界
观——马克思主义,这是历史上的被压迫者第一次获得他们精神上的武
器"。"教联"一直将教育看作人类精神生活的一部分,纲领的以上论述意
在指出,无产阶级的形成不但提供了新兴教育的客观基础,而且还提供了
人类精神生活的武器:马克思主义。有了马克思主义的武装,循着马克思
主义指出的道路前行,才能彻底变革旧教育,完成建立被压迫者教育的使
命。"只有遵循着这条道路,人类社会剥削制度以及顺着这制度而来的精
神劳动对于肉体劳动之优越的支配,才能够彻底消灭,教育也只有遵循着
这条道路,才能完成历史所赋予它的唯一的使命"。

阶级分析方法是马克思主义认识和分析社会历史问题的基本方法。
《1935年纲领》根据新兴教育的性质和发展要求,以对社会各阶级的境况
及政治立场的分析为基础,厘清新兴教育的主体力量,这在当时是难能可
贵的。从马克思主义在中国的传播过程看,是否接受马克思主义的阶级
观点是真假马克思主义的重要分水岭。有些要求变革现实的知识分子,
如无政府主义者、基尔特社会主义者等,开始也认同马克思主义,赞赏马
克思主义对资本主义社会的批判,进而去研究、宣传马克思主义,但最终
因为不接受或反对马克思主义的阶级斗争理论,而与马克思主义分道扬
镳,乃至走到历史前进的对立面。"教联"经过几年的发展,更加自觉地用
阶级分析的方法作为制定新纲领的理论指引,足以看出左翼教育人士在
对马克思主义理解和运用上愈益深入和坚定。

(二) 在马克思主义指引下,"教联"对自身使命担当愈发清晰

"教联"具有强烈的使命担当意识,前后两份纲领在抨击现行教育、论
述新兴教育的理念及主体力量后,都提出了"教联"的主要工作任务及为
完成这些任务而需要建构的组织体系,规划了新兴教育实践展开的路径。
在这些方面同样可以看出马克思主义对"教联"日渐深入的思想引领
作用。

其一,在教育目标上,"教联"由注重普及教育到强调引领社会变革。

《1932年纲领》在阐述"教联"总任务时,向"全国革命教育工作者"发出号召:"把有计划的、集体的、对于中国新兴教育的运动的理论与实践的研究与努力,作为目前的主要的中心课题与任务,从扫除文盲,开始工农教育的普及的启蒙运动做起,一直走向更高级的教育高潮。"可以看出,"教联"成立初期,是把面向工农的普及性启蒙教育作为整个新兴教育运动的工作重心和起点的,然后再进一步发展更高级的教育。在这一思想指导下,"教联"初期的活动,主要是放在普及教育上,如开办识字班①,为各类平民学校编撰适合工农大众阅读、学习的教材与讲义;同一时期由"文委"领导成立的苏区教育委员会,其实际工作也由"教联"负责,组织向苏区输送教师、教材和参考资料,还为苏区编写供战士使用的识字教科书等②。

《1935年纲领》赋予"教联"的使命显然已不止于普及教育,而更突出唤醒民众、参与和投身于变革现实的政治斗争。纲领明确指出:对于被压迫者,"我们不仅要从他们自身被剥削关系中启发他们经济斗争的要求,更应该启发他们政治斗争的实践——反帝、反封建,建立劳苦大众自己的政权"。不仅如此,"对于在整个民族危机和经济危机下一天天破产没落的学生、店员、教师,我们必须指出他们遭遇破产没落的必然,和只有归附到劳苦大众斗争的旗帜下才是唯一的出路"。这就是说,这时"教联"已经以纲领的形式明确宣誓,自己更重要的任务在于使受帝国主义和封建主义剥削压迫的各个阶级和阶层都觉悟和行动起来,共同参与到反帝反封建的革命运动中去。"参加整个的文化运动及导引着整个社会变革的运动,是我们不可忽视的一般的任务"。因为"我们认定教育与整个的文化和整个社会不能分离"。

这一认识转变说明,左翼教育人士认识到,使劳动大众享有受教育的权利、普及面向工农的启蒙教育固然重要,然而,严峻的社会现实使左翼教育人士明白,如果不推翻导致工农受剥削、受压迫的社会制度,毋庸说

①　徐明清:《教联活动的回忆》,《上海教师运动回忆录》,第24页。
②　参见吴泰昌:《阿英忆左联》,《新文学史料》1980年第1期,第22页。

使劳动大众享有受教育权利,就连新兴教育运动自身也难以为继。当时左翼教育运动的生存环境十分险峻,"教联"的领导成员,如刘季平、丁华等先后被当局逮捕入狱。"批判的武器当然不能代替武器的批判,物质力量只能用物质力量来摧毁"①。唯有通过变革现行社会秩序,建立符合工农大众利益的社会制度,新兴教育运动才有坚实的现实根基,新兴教育的目标才可能实现。瞿秋白在为"文委"所拟的指示性文件《苏维埃的文化革命》中,便将"政治参加"确立为"教联"的首要任务②。"教联"后期开展的活动,不只限于举办讲习班、培训班等,还积极参加反抗当局的革命活动,比如发动和参与福新面粉厂、面粉袋厂的工人罢工,支援 1934 年 4 月的美亚绸厂工人罢工,以及反对新申纺织厂的低价拍卖等斗争活动③。

其二,在教育内容上,"教联"由专注思想文化启蒙转向开展马克思主义理论教育。与对新兴教育的任务认知相联系,在教育内容上,"教联"成立初期主要侧重于识字扫盲等启蒙教育,旨在提高劳动大众的文化水平,学习和掌握为生产劳动所需要的技能。《1932 年纲领》指出,新兴教育的特点之一,是"教育完全基于大众,每个人都有受教育的机会,而一切的教育的设施和政策,都绝对地与大众的需要和利益为唯一的出发点"。

《1935 年纲领》则明确提出要对劳动大众进行马克思主义理论教育,并且把马克思主义理论教育放在对劳动大众教育的第一位。"我们第一要交给中国被压迫者的东西,便是马列主义的政治教育",因为马克思主义是被压迫者在历史上第一次获得的精神武器,他们投身社会革命运动需要马克思主义的"导引"。当然,《1935 年纲领》并未因此忽略面向工农的普及教育④的意义。"文字符号是精神劳动之唯一的重要工具。尤其

① 卡尔·马克思:《〈黑格尔法哲学批判〉导言》,《马克思恩格斯选集》第 1 卷,第 9 页。
② 瞿秋白:《苏维埃的文化革命》,上海鲁迅纪念馆编:《纪念与研究》第 7 辑,1985 年版,第 5 页。
③ 《上海教师运动史(1919—1949)》,第 69 页。
④ 《1935 年纲领》提及的"文字教育",联系上下文含义看,当属普及性的文化教育的范畴。

是在中国,由于资本主义之中途夭折和象形文字特有的困难,直到现在,文字这种符号还保留在极少数人手里"。劳动大众被剥夺了受教育的权利,因此通过教育提高他们的文化水平,将"增加被压迫者斗争的力量"。但是,《1935年纲领》反复强调,文字教育必须以政治教育为基础,要"在政治教育的基础上来发展文字教育"。将马克思主义理论教育作为普及教育的基础,把马克思主义理论教育引入对劳动大众的文化教育之中,是《1935年纲领》较之《1932年纲领》一个值得关注的变化和进步,充分说明"教联"对马克思主义理论教育的重要性、对政治理论教育与文化教育的辩证关系有了更充分的认识,这种认识直到今天仍有其现实意义。

"教联"在马克思主义理论教育上作出了多方面切实努力。针对工农群众,"教联"在其主办的"工人夜校""女工夜校"等平民学校中,组织阅读马克思主义理论书籍,包括苏联思想家波格达诺夫的《社会意识学大纲》、日本马克思主义学者河上肇的《资本论大纲》等,积极宣传和普及马克思主义理论;针对大学生等青年知识分子群体,"教联"则在大学校园建立了各种理论学习社团,组织阅读列宁的《帝国主义论》《国家与革命》《社会民主党在民主革命中的两种策略》等经典著作,开设"政治经济学"等课程①,致力于培养传播和研究马克思主义的骨干力量。"教联"是20世纪30年代在国统区传播马克思主义的重要左翼文化团体之一。

其三,在组织建设上,"教联"由制定工作规范转而提出建立民主集中制的要求。实现"教联"的成立宗旨,完成自己提出的任务,离不开一定的组织体系作保障。"教联"创立之初,根据纲领的精神,专门制定了组织章程。1932年公布的"教联"章程规定,"教联"的组织体系由四个层级构成,即全体社员大会—执行委员会—常务委员会—小组。全体社员大会"决定本社一切方针";执行委员会是"教联"的领导机关,由全体社员大会选举产生,"在大会与大会期间对大会负责,②决定并指导全社运动";常

①　参见《明清岁月:徐明清回忆录》,第84、234、249页。
②　原文无标点符号,逗号为笔者添加。

务委员会在执行委员会中产生，"根据大会决议具体决定并指导全社活动"；小组则是"教联"的基层组织，"接受大会决议及常务委员会执行委员会之指导活动"。可见，"教联"成立伊始就有一套较为成型的组织体系和工作规范。

"教联"在制定并发布《1935年纲领》时，并未同时对章程进行修改或重新制定，但是在组织建设上提出了一个重要概念：民主集中制。《1935年纲领》第十八条指出："为要保证新兴教育者联盟是一个战斗的组织，我们认为必须具有民主集中制的精神和严格的纪律。"《1935年纲领》对民主集中制这一概念未作具体界定和阐释，主要是强调了组织纪律这一面，"联盟内不容许有怠工及反组织的行为；它必须执行自我批判，开展思想斗争，打击任何不良的倾向，保障组织的健全与发展"。民主集中制包括集中和民主两个向度的要求，纲领没有对后一方面加以论述，但这一概念出现在"教联"的纲领中，这本身便是意味深长的。

民主集中制是无产阶级政党的组织原则和基本制度，"教联"作为一个文化社团，对于自身的组织建设也提出了相同的理念，无疑是受中国共产党领导、受马克思主义理论熏陶的结果。20世纪30年代以上海为中心的左翼文化运动是在中国共产党的影响和推动下兴起的，包括"教联"在内的各左翼文化社团也是在中国共产党的筹划和领导下建立的。因此，马克思主义从一开始就影响着左翼文化运动及各左翼文化社团，"教联"指导思想、基本理念及具体实践活动、组织建设方式等各个环节的变化历程，正是马克思主义对左翼文化运动的影响渐趋深入的一个缩影。

两份"教联"纲领全文的先后发现，对于"教联"这一史料留存较少的左翼文化社团的研究具有重要价值，借由它得以更深入、系统地了解"教联"的思想历程、发展轨迹及在当时发挥的历史作用。从马克思主义在近代中国传播史角度看，20世纪30年代的左翼文化运动既是"受众"也是"播火者"。通过比较"教联"前后两份纲领，十分清晰地展现了一幅更为具体的历史画面。受马克思主义思想的影响，"教联"在教育的本质、教育与生产劳动的关系、教育与劳动大众的关系、发展新兴教育主体力量等关乎教育的重大理论问题上，其理解和认识愈益接近唯物史观的基本观点；同时在新兴教育的实践展开中，"教联"愈益自觉地以马克思主义为遵循，将马克思主义的研究、宣传和教育作为重要的工作目标，对马克思主义在劳动大众及青年知识分子中的传播做出了重要贡献。

第二节　"教联"与国难教育社

伴随民族危机不断加重，解决国难危机越发迫在眉睫。1935年下旬，根据萧三由苏联来信的指示，包括"教联"在内的左翼文化团体宣告解散。次年，为了在中华民族面临着生死存亡的关键时刻改变旧有教育方式，使"教育追上国难"，陶行知作为教育界重要代表，提出"国难教育"口号，发出民族之先声，将中国教育推进至国难教育新阶段。随后，他领导创建国难教育社，部分原"教联"成员转入其中进行工作，成为抗日救国运动中教育界一股不可忽视的重要力量。

一、萧三来信与"教联"解散

在新的工作局面下，"教联"等左翼文化团体却很快宣告解散，萧三的来信无疑是重要原因，而谈及萧三来信，就必须回溯共产国际和王明对中国革命，特别是上海地区的革命活动及左翼文化运动产生的直接影响。

1935年8月，中共驻共产国际代表王明指示萧三写信回国，要求解散"左联"，结束这场历时近六年的左翼文化运动。萧三一开始并不认同王明的要求，尽管王明多次催促，但他并未动笔撰写信件。11月初，王明责问萧三："你写信回上海叫他们解散左联没有？""你不赞成统一战线吗……你不写，我找别人写。"后来，萧三与中共驻共产国际代表康生交流时，康生认为"左联也的确太'左'了，搞关门主义，常常把党的决议作为自己的宣言发表"①,劝说萧三服从王明的指示。在萧三看来,"我是共产党员,我不能不听党的命令……驻苏两个党的代表都如此主张,我怎能不于十一月八日写那封信由鲁迅直转'左联的同志们'呢?"②最终完成了信件并寄回上海。信中根据共产国际七大精神,对"左联"的关门主义提出批评:"在这里我们要追溯一番左联关门主义之由来。我们以为左联之关门,要从其唱'普洛文学'说起,因为这个口号一提出,马上便把左联的门关上了……这和苏联过去'拉普'之'非同盟者皆仇敌'口号很相符合。"③由此来信提出要求:"我们的工作要有一个大的转变……在组织方面——取消左联,发宣言解散它。"④

1935年11月中旬,收到来信的鲁迅将信交给茅盾,此后茅盾又转交给了"文委"书记周扬。当左翼文化运动领导人收到萧三的信后,夏衍认为"从这封信的内容和口气,谁都可以看出,这不是萧三个人的意见,而是中共驻共产国际代表团对'左联'的指示"⑤,换言之,这封信是王明对左翼文化团体所下达的直接指示。"左联""教联"等左翼文化团体从来不隶属于中共驻共产国际代表团管理,以个人来信的形式来下达解散"左联"的命令更不符合组织规定,左翼文化运动领导人对是否应解散"左联",在最初并未形成一致看法,鲁迅更是对这一举动持保留、反对意见。但包括"左联"党团书记的周扬等人将其视为党的指示,"组织纪律和党性原则使新文委和文总常委放弃了重新整顿联盟的打算"⑥,历经一段时间的讨论和协调,他与"文总"党团书记胡乔木"决定文总和所联系的各盟都自行解散,并争取与上海地下党各系统组织(即共青团、全总、武装自卫会三家)联合成立党的统一领导机构。这是势所必然"⑦。"文委"成员经过讨论,

---

① ② 中国社会科学院文学研究所编:《左联回忆录》,中国社会科学出版社1982年版,第181页。

③ 《纪念与研究》第2辑,第170页。

④ 同上书,第172页。

⑤ 《夏衍全集》第15卷·懒寻旧梦录,浙江文艺出版社2005年版,第158页。

⑥ 《"文总"与左翼文化运动》,第167页。

⑦ 同上书,第168页。

并向党外人士陈望道、郑振铎传达了来信内容,大家表示同意解散"左联"和各左翼文化团体,另行组建广泛的统一战线性质的机构。

然而也应注意,对于"萧三来信",无论是在当时或是此后,均在左翼文化人士中引起巨大争议。

从程序上来看,以写信来解散"左联"不符合组织规定。在中国共产党的领导下,包括"左联""教联"等左翼文化团体正式组建,若要解散这些团体,应通过某种正式的组织决议加以告知。特别是苏联方面此前在解散"拉普"时,即选择正式文件加以公告,为中国共产党人提供了实际范例。共产国际七大后,王明当选执行委员会常委、书记处书记,分管亚洲和拉丁美洲各国共产党工作,进入共产国际领导核心。康生随后接替王明,就任中共驻共产国际代表一职,王明"成为中共代表的'太上皇'"[1],可随时向共产国际的下属支部——中国共产党表达其个人意见。王明直接要求萧三以写信方式解散"左联",并不符合中国共产党或是共产国际的组织规定。

共产国际七大的召开,为王明做出解散左翼文化团体的决策提供了契机。1935年,在共产国际七大召开期间,斯大林同王明曾进行直接交流,赞扬即将发表的《八一宣言》中提出建立抗日民族统一战线的路线是正确的,鼓励道:"你们中国这样多的人民,只要团结合作,只要抗战到底,一定能得到胜利。"[2]这样的看法给了王明和中共驻共产国际代表团"对统一战线新政策的了解和发展上有很大的帮助"[3]。在王明看来,斯大林作为国际共产主义运动最高领袖,已经认可了自己所提出的主张,加之自己的共产国际领导人身份,也有权对中国革命发号施令。曾经参与左翼文化运动领导的工作经历,让他选择以此领域作为突破口。

从结果上看,解散"左联""教联"等左翼文化团体引起了强烈争议。在1935年,白色恐怖的蔓延使左翼文化团体失去了同党组织的联络,他们身处独自作战境地,虽率先获得共产国际七大精神和《八一宣言》文本,

---

① 师哲口述:《在历史巨人身边:师哲回忆录》,九州出版社2015年版,第84页。
②③ 《王明同志讲话》,《新中华报》1939年12月30日,第5—6版。

却并未得到如何进行下一步工作的具体指示。因左翼文化团体的多数领导人始终未离开上海，出于对上海的实际形势及文化工作特点的了解，实质上为左翼文化团体自主选择发展路径提供了宝贵时机。然而从留存史料中不难看出，无论是整理和研究共产国际的文件，还是发布数份左翼文化团体的全新行动纲领，抑或对仍保留下来的左翼文化团体进行组织梳理和整顿，都更像是在为下一步革命工作进行准备。

实则代表王明意见的萧三来信否定了左翼文化运动的全新工作方针，这使其未能在左翼文化界得到的广泛认同。因其内容同左翼文化人士刚刚达成一致并即将推行工作方案大相径庭，身为左翼文化运动"旗手"，鲁迅极力反对解散"左联"，他认为"现在的左翼作家，虽然自称是无产阶级革命家，但政治上实际是很幼稚的，去同资产阶级作家搞统一战线，搞得不好，不但不能把人家统过来，反而容易被他统过去。如果左联解散了，左翼同人没有商量问题的组织了就更危险。我主张左联不解散而秘密存在，作为统一战线团体的核心"①。在同夏衍交谈时，鲁迅以生动形象地语言，表明"左联"不能放弃文艺界的领导核心地位，"我不相信孙悟空会丢掉他的那根金箍棒"②。包括夏征农、王观澜等左翼文化运动亲历者也都认为，王明的这一做法"大大地断送和削弱了革命基本力量和拒绝了一切可能革命的力量，它给中国革命以极大损害"③。

对共产国际权威的认可，是左翼文化团体领导人执行萧三来信指示的重要原因。在这一时期，共产国际深度介入了中国革命运动，多数中国共产党人出于自身经历，认同了它的政治领导地位，将共产国际七大精神和季米特洛夫的讲话视作必须贯彻的方针，萧三来信作为中共驻共产国际代表团的"指示"④，自然没有考虑和思索的必要。得到共产国际坚定支持的王明，成为这一组织政治权威的具象化人物体现，面对王明的直接

---

① 华中师范学院中文系现代文学教研室编：《有关三十年代文艺和鲁迅问题参考资料》，1978年印，第44页。
② 西北大学鲁迅研究室编：《鲁迅研究年刊》，陕西人民出版社1980年版，第84页。
③ 周国全、郭德宏：《王明传》（增订本），人民出版社2014年版，第511页。
④ 《夏衍全集》第15卷·懒寻旧梦录，第163页。

指示,左翼文化人士自然"奉如圣旨",予以坚决执行。

二、一二·九运动后左翼教育运动的新方向

1935 年,日本利用南京国民政府的不抵抗态度,将侵略步骤延伸至华北。日军通过"察哈尔事件""河北事件""张北事件"等,逐步蚕食、侵犯华北地区,使中国在冀、察二省治权大部丧失,中华民族面临日益严重的危机。国难的不断加深迫使包括学生群体在内的广大同胞必须站出来,发出自己的怒吼声。在此背景及中国共产党的领导和号召下,爆发了由北平爱国学生首倡并在随后迅速席卷全国的一二·九运动,促进了中国人民的觉醒,激发了人们的爱国热情,得到全国人民的支持和响应。这场运动成为"动员全民族抗战的运动,它准备了抗战的思想,准备了抗战的人心,准备了抗战的干部"①。

一二·九运动在把全国人民救亡图存的热情推向高潮之时,也引起包括陶行知在内的众多先进分子的又一次思考。在陶行知看来,原有的种种推进教育发展、普及教育事业的手段过于缓慢,难以跟上形势的迅速发展,"现在是教育与国难赛跑。我们必须叫教育追上国难,把它解决掉"②。事实上,作为一名有着浓厚爱国情怀的知识分子,陶行知始终关注时局发展与变化,一直为国难的加深感到忧虑。身为教育界先进分子,他希望通过教育的方式,启发民族智慧,凝聚民族力量,应对国难危机。早在 1932 年 8 月 30 日,陶行知就在上海沪江大学以《国难与教育》为主题发表演讲。在他看来:"我们要对付国难,就须以教育为手段,使我们的力量起了变化,把不能对付国难的力量,变成能够对付国难的力量,这才能达到目的。"③至于如何产生这种积极的改变,陶行知认为:"我国的传

① 《一二·九运动的伟大意义》(1939 年 12 月 9 日),中共中央文献研究室编:《毛泽东文集》第 2 卷,人民出版社 2004 年版,第 253 页。
② 《大众的国难教育方案之特质》,《陶行知全集》第 3 卷,第 426—427 页。
③ 《国难与教育》,《陶行知全集》第 3 卷,第 426 页。

统教育和现行的教育,只能造成少数人的力,空谈的力,散漫的力,被动的
力,头脑的力。我们从此要改造教育,使教育普及于大众;使受教育者都
能实践力行,从行动上去求得真知识;并使大众组织起来,自动去做他们
的事;而仅用脑的知识分子,要使他们变成兼用手的工人,仅用手的工人、
农人等都变成兼用脑的知识分子。这才能把少数人的力,变成多数人的
力;空谈的力,变成行动的力;散漫的力,变成组织的力;被动的力,变成自
动的力;仅用脑和仅用手的力,变成脑手并用的力。于是我们就可以造成
极伟大的民族力量,来解除一切国难。"①为改变现行教育中显现的弊端,
陶行知在实践中不断探索,参与创办工学团组织、支持"教联"活动等,在
教育领域找寻解除国难危机出路,使教育发挥出其应有的力量与作用。

　　一二·九运动后,文化界救国团体纷纷成立,为适应新形势的发展,
更好推动进步教育事业的发展,正如《发起组织国难教育社缘起》中指明:
"教育大众起来担负民族解放的伟大任务……要求一切愿意执行这个方
案的人们联合起来,互相督促,往前工作,互相交换工作的经验,同时它更
需要一个集中的领导。所以我们在这里要向中国文化界提出一个要求,
就是组织一个国难教育社来实施我们的国难教育方案,来完成我们民族
解放斗争的伟大任务。"②在此背景下,一些活跃于教育领域的革命团体
开始走向新的联合,由中央局宣传部出版部建立的中国青年反帝大同盟
(以下简称"中青"),就是其中的力量组成部分。

　　"中青"是中央局出版部领导下群众团体,成立于1932—1933年间。
至1936年转入国难教育社前,这一组织活动时间近四年。"中青"的主要
成员有毛远耀③、林一心、宋任远、钟民、方明、张健、戴季康等人。后来,
"中青"从当时的赤色儿童团员中吸收了不少成员,在张健的介绍下,沈增
善、张耀祖、徐洋仙等人由此加入了"中青"。

　　"中青"的主要任务是推销党的理论书籍和刊物,开展进步书刊的发

①　《国难与教育》,《陶行知全集》第3卷,第426—427页。
②　《发起组织国难教育社缘起》,《陶行知全集》第3卷,第674页。
③　也有史料写作毛远跃,为毛泽东的远房侄子。

行工作,也有时组织读书会开展理论学习。1935 年秋,"中青"成员在阅读《救国报》时发现了《八一宣言》。随后,他们立即将此文翻印,组织内部成员学习,并散发各处①。后来,"中青"也参与到一些示威游行、散发传单、飞行集会等群众性政治运动中。在"中青"成员徐治平的回忆中,就再现了那段散发传单的亲身经历:

> 1935 年 8 月 1 日,中国共产党发表了告全国同胞书(亦叫"八一"宣言)。为了使广大同胞知道党的抗日救国主张,要把这一宣言的传单迅速散发出去。张健同志交给我和徐祥先张贴传单的任务。贴共产党的传单,被反动巡捕抓到是要坐牢受刑的。我们还没有干过这事。为了防备反动巡捕,我们两人商量好张贴传单的办法和路线,我们一人拎浆糊在前,一个揣传单于后,前后相距 20 米左右,前面在电线杆或墙上抹好浆糊,后面顺手迅速把传单贴上。一天傍晚,我们两人出发了。从我们村到上海市区最近处有六七里路,估计走完这段路正好天黑,不易被反动巡捕发现。我们先到杨家桥,真如火车站,虬江路一带,按照约定的办法,把传单贴了出去,然后潜入暨南大学,上海医学院里,把传单抛撒到教学楼和宿舍门口。干完后回到家里已经是半夜了,虽然感到疲倦,但完成了任务,我们心里感到无比的喜悦。②

到了 1935 年,"中青"开始在教育界扩大工作范围,决定在沪东工人区也开辟基地。钟民、戴季康两人到隆昌路沈家滩租了一间前楼、一间三层阁楼,创办了沈家滩识字学校。学校开设早、晚班,分别都有二十余名学生,主要是以日商大康、裕丰、公大等纱厂的工人为主,还有杨树浦电灯厂及附近绸厂的工人。"中青"主要开展识字教育活动,同时也向工人进行爱国主义教育和阶级教育。后来学校的规模有所扩大,又在白天增设了儿童班,招收工人子弟入学。

由于学校不收学费,经费来源便成为"中青"需要考虑的重要问题。

---

① 夏德清、武素月:《陶行知》,群言出版社 2014 年版,第 130 页。

② 徐治平:《童年杂记》,陈模编:《战火中的童年——孩子剧团团员的故事》,同心出版社 1997 年版,第 91—92 页。

为此,"中青"成员和他们的亲属竭尽所能。钟民的妻子王本英向学校提供了不少经济支援,帮助学校扩建了规模。此外,学校得到了不少社会贤达的倾囊相助,陶行知曾为学校提供了一些开办费和伙食费。在他们的帮助下,学校得以开展正常的教学活动。

沈家滩识字学校不仅是"中青"的活动据点,也成为地下党的秘密工作地。学校创办初期,由于授课内容引起当局注意,受到巡捕和流氓的袭扰。陶行知为支持和帮助学校发展,他带领工部局华人教育处处长陈鹤琴前来视察,得到肯定和支持。此后,学校不仅取得完全合法的地位,也为掩护党的活动取得更好的条件。一些共产党员在工作、生活上遇到困难,都会到来到这里,林一心、毛远耀等人就曾到这里养病。

30 年代初,民族危机的加深,群众爱国情绪的高涨,上海逐步形成比以往更广泛、更有力的群众性抗日爱国浪潮。但由于受到"左"的错误影响,实际工作中出现了一些和群众斗争实践相脱节的不恰当指挥,这直接影响到"中青"的组织路线。本应是群众性组织的"中青",却在实际工作中和党组织没什么实质区别。徐祥先曾回忆:

> "中青"组织得很严密,每星期过一次组织生活,大家传阅《少年真理报》。每次组织生活,张健总要谈些红军消息,也教我们传递消息、散发传单、张贴标语的方法,还教我们如果不幸被捕了,怎样进行斗争等。①

这样的情况,使"中青"从建立到结束的几年中实际上都没能真正广泛地联系群众,难以使组织取得真正的发展和较大的影响。

三、对"教联"解散及其成员转入国难教育社的考辨

1936 年春季前后,"教联"解散,其主要参与者同"中青"成员一同转

---

① 徐祥先:《回忆萧场工学团》,曹先捷:《陶行知一生》,湖南教育出版社 1984 年版,第 252 页。

入国难教育社继续从事教育界的活动。而对于"教联"的解散及其成员转入国难教育社的过程,在目前发现的各类史料或研究文献中,仍存在数种不同说法。

第一种说法认为,"教联"是在党组织的直接安排下"解散"的。如"教联"成员钟民回忆道:

> 一九三六年上半年,地下党组织根据党的抗日民族统一战线政策和克服关门主义倾向的决定,解散了教联和中青。这两个组织中的一些革命同志,后来都参加了国难教育社的活动。①

在一篇纪念著名教育家王洞若的文章中,作者写道:

> 1936 年 1 月 23 日,在上海的左翼教育工作者联盟根据党中央指示精神,将"教联"解散,成立了"国难教育社"。陶行知为国难教育社理事长,丁华任党组书记(1936 年 10 月初丁被捕后,王洞若继任党组书记)。②

在另一篇由数位左翼教育运动亲历者撰写的回忆文章中,虽然有关"教联"解散时间与上述说法有所不同,但对于解散缘由的说法却是一致的:

> 一九三六年下半年,为了适应新的斗争形势,党组织自动解散了党的外围组织教联和中青,广泛地开展抗日统一战线工作。③

第二种说法提出,"教联"是随着"文总"解散而解散的。如《上海革命文化史略》一书提出:

> 1936 年初,文总解散,教联也不复存在,其成员转而投入救国会运动。④

第三种说法认为,"教联"与中央局出版部领导下的"中青"合并成立

---

① 钟民:《抗战爆发前后的上海教师运动》,《上海教师运动回忆录》,第 57 页。
② 《上海革命文化史略》,第 381 页。
③ 马飞海、方明、陈育辛、缪帘、朱觉:《上海教育工作者地下斗争大事记》,中国人民政治协商会议上海市委员会文史资料工作委员会编:《文史资料选辑》第 5 辑,上海人民出版社 1979 年版,第 69 页。
④ 《上海革命文化史略》,第 235 页。

了国难教育社。这一说法大多来自原"中青"的成员。如张健回忆道：

> 一九三五年一二·九运动以后，上海地下党和陕北党中央恢复
> 了联系，成立了上海地下党临时工委（也有人说是中共救国会工作委
> 员会，简称"救委"），在工委的领导下，将"教联"和"中青"合并成"国
> 难教育社"。①

曾任中国陶行知研究会会长的方明也回忆道：

> 1935年春，我参加了革命，成为中国青年反帝大同盟（简称"中
> 青"）的一员，与党领导的另一组织"教联"都以陶行知创办的山海工
> 学团为活动基地。1935年"一二·九"学生运动前后，中国共产党提
> 出抗日统一战线的主张，抗日救亡的群众运动逐渐高涨起来。次年
> 由于形势的发展，"中青"和"教联"合并，直接在党的领导下与陶先生
> 一起共同开展挽救民族危亡的工作……②

以上张健回忆中所说的"上海地下党临时工委"，应指中共（上海）临
时工作委员会（简称"临委"）。根据史料，"临委"建立于1936年12月12
日③，与1936年2月就已成立的国难教育社并无直接关系。此外，两位
亲历者提及的领导"教联"与"中青"的党组织，应指中共在上海的领导机
关，而非中共中央。作为"中青"的主要负责人，林一心从党组织的角度，
提供了另一种有参考价值的说法：

> 一九三五年冬或一九三六年春，我和王洞若、王东放进行交谈，
> 谈到教联有学校的力量，山海工学团有好些分团，而中青有学校的力
> 量，在沪西、沪东还有党的组织关系。我们考虑两家合起来，建立统
> 一的党组织。教联当时的领导是丁华等，中青就是我负责。经过酝
> 酿，在一九三六年春夏之间两方面正式合起来，成立中共大场区委员

① 张健：《山海工学团是党在白区教育的一个据点》，中国陶行知研究会编：《陶行知
教育思想研究文集》，人民教育出版社1985年版，第53页。
② 方明：《〈20世纪陶行知研究〉序》，陆建非主编：《陶行知在当代：陶行知教育思想
探索研究文集》，上海教育出版社2015年版，第367页。
③ 中共上海市委党史研究室编纂：《中共上海党史大典》，上海教育出版社2001年
版，第642页。

会，书记是王洞若，我担任组织委员，后来我担任书记……一九三六年建立国难教育社后，教联和中青都统一到国难教育社中去，这两个组织就不再存在了。①

由林一心介绍加入中国共产党的张健，在回忆中支持了此说法：

我入党不久，即担任"中青"山海工学团党支部书记。直到一九三六年夏天，"中青"和"教联"合并后，我才改任党团组织宣传委员。②

除以上三种说法外，还有第四种说法，认为"教联"是直接"转到"国难教育社的。"教联"成员吴新稼在回忆中说：

一九三六年四、五月间，我从重庆回上海，丁华、王洞若告诉我：形势起了重大变化。党中央瓦窑堡会议决定全国主要政治任务是抗日救亡，驱逐日本帝国主义出中国，建立抗日民族统一战线。文总已经解散，各种工作都通过救国会；教联转到国难教育社；社联转到职业界救国会；左联、剧联都已转为与抗日救亡有关的组织。③

梳理这段历史后可以看出，"教联"解散的缘由，从大背景看，与共产国际反法西斯策略新变化有关；从较切近的方面看，与萧三的莫斯科来信有关，"左联"和"文总"的解散则是直接原因。"教联"等左翼文化团体的解散不是中共中央所作正式决定。后来之所以对"教联"解散的原因存在不同说法或观点，是因为解散的缘由较为复杂，包含多方面因素；而且无论"左联"还是"文总"的解散，都没有发布公开宣言，致使人们在研究此过程时缺乏第一手资料。

至于"教联"与国难教育社的关系，那种认为国难教育社是由"教联"与"中青"合并建立的观点是难以成立的。持"合并"说者几乎都为"中青"成员，并无"教联"或国难教育社成员佐证这种说法。郑伯克是筹建国难

---

① 林一心：《中国青年反帝大同盟在教育界的活动》，《上海教师运动回忆录》，第14页。
② 张健：《山海工学团是党在白区教育的一个据点》，《陶行知教育思想研究文集》，第54页。
③ 吴新稼：《教联和国难教育社活动片段》，《上海教师运动回忆录》，第30页。

教育社的主要成员,他曾回忆道:"邓士元(邓洁)同志通知我,在原'教联'成员及其周围团结的进步群众的基础上建立救亡团体'国难教育社'。"①可见,建立国难教育社还团结了周围"进步群众",并非两个社团的简单合并。从人员结构看,国难教育社的组成不止有"教联"和"中青"的成员,其人员构成相当广泛,不仅有原"教联"、"中青"等教育界人士,还有"原'社联'的成员——沪西一所小学的教师王起同志、爱文义路一所女子中学的教师金子美等同志,他们也团结了一些进步分子"②,也有上海知名报业者顾执中等社会贤达加入其中③。这种局面不是"教联"与"中青"的合并能达到的。

总之,认为"教联"转入到国难教育社或"教联"与"中青"合并建立教育国难社,这两种说法都不符合当时的实际情况。国难教育社是在"教联"和"中青"解散后,由这两个团体的部分成员,联合其他一些进步人士共同筹建的。"教联"的解散和国难教育社的成立,是贯彻共产国际反法西斯策略改变引发的结果,这两个团体之间并不存在组织上的直接承继关系。

在左翼文化界的大力支持及包括"教联"成员在内的教育界人士不懈努力下,1936年2月23日,国难教育社成立大会召开④。参加成立大会的不仅包括教师、学生、工人、农民等国难教育的主要宣传和参与对象,也有商人、科学家、艺术家、律师、记者及宗教界、出版界等方面的人士。此次会议上,陶行知作为国难教育社主要发起人被选为社长,张劲夫被聘任为总干事。国难教育社的执行委员包括陶行知、丁华、张敬仁、王洞若、郑伯克、张劲夫、钱亦石、沈体兰、刘良模、吴耀宗、戴伯韬等,丁华和郑伯克也在此后担任过总干事一职⑤。上海的知名报人顾执中也加入了国难教

---

① ② 郑伯克:《我和"国难教育社"》,《上海党史资料汇编》第二编(下),第985页。

③ 李慕真:《名报人顾执中生平》,顾国华编:《文坛杂忆》(全编四),上海书店2015年版,第248页。

④ 戴伯韬:《"一二八"至"八一三"上海教育界爱国活动记略》,《上海教师运动回忆录》,第47页。

⑤ 《上海教师运动史(1919—1949)》,第82页。

育社,出任宣传部部长①。国难教育社成立时会员有三四百人(也有说法为七百余人),随着形势发展,在抗日救亡运动高潮时期,国难教育社成员曾一度达到了三四千人②。

第三节 "教联"解散后成员活动情况

"教联"的撤销并不意味着"教联"生命的终止。在中国共产党的领导下,原"教联"内的不少同志仍在为中国教育事业的进步和中国革命的胜利而不懈奋斗。他们当中不少人转入到国难教育社,继续推进中国教育事业的发展。

一如包括"教联"在内的左翼文化团体,上海仍是他们活动的主战场。国难教育社成立后,在沪西、沪东、闸北、沪中、南市、浦东、大场等地区建立了区团和社员团,也相应成立了党支部。这些分社的工作开展受到党组织直接领导,不少"教联"中的党员骨干直接参与国难教育社活动中。曾任国难教育社总干事、党团书记的郑伯克回忆道:

> 国难教育社的党组还有张劲夫、王洞若,下面分几个区,分头领导各区的工作。沪西区有吴新稼、陈蔚卿、张健、金子美等;沪东区有王东放、林一心等;法南区有王起;闸北区由庄超负责;沪中区由李亚群负责;大场主要归王洞若联系。大陆商场量才补习学校有批店员,由刘峰负责,这部分关系以后转到职业界救国会去了。"一二·九"学生运动后,有部分学生关系交给了陈家康。③

---

① 李慕真:《名报人顾执中生平》,顾国华编:《文坛杂忆》(全编四),上海书店 2015 年版,第 248 页。
② 张健:《有关山海工学团和国难教育社的几点回忆》,《上海教师运动回忆录》,第 38 页。
③ 郑伯克:《文总三联和国难教育社的部分组织状况》,《上海教师运动回忆录》,第 26 页。

由于国难教育社的执行委员大部分是共产党员，内部也形成了党团。“教联”成员丁华任党团书记，同年 10 月丁华被捕后，由同样为“教联”成员的王洞若接任。国难教育社党团为扩大影响，曾办过一期中小学教师暑期学习班，戴伯韬作为班主任，丁华为党内负责人。这期学习班邀请钱俊瑞、沈钧儒、章乃器等人，针对宣传抗日和组织抗日力量的问题进行了授课，学习班吸引了二百多人参加。他们的讲课内容和活动情况曾在《生活教育》上进行报道，为扩大救亡运动的影响力起到积极宣传效果①。

和当时上海其他党组织一样，国难教育社中的党组织也面临着比较艰难的活动处境。吴新稼回忆：

> 一九三六年六月……李群夫宣布成立国难教育社沪西区党支部，由我、林琼（女）、陈痕（女，即陈维青，当时又名陈慰青）三人组成支委会，我任书记，陈痕任组织委员，林琼任宣传委员。我们负责领导国难教育社沪西的工作，公开名义是国难教育社沪西分社，我为沪西分社筹备主任，公开名义是沪西区指导员。支部成立时有十一名党员，曾在劳勃生路小沙渡路（即长寿路西康路）的绍芳小学开过一次支部大会，后来上级指示，党组织不能公开活动，党员横关系不能多，只能个别地或分小组联系，就没有再开过支部会了。②

1936 年 3 月 16 日，《生活教育》公布《国难教育社工作大纲》，明确这个以救亡图存为目的的组织的主要工作，包括“开办大众学校，读书会，时事研究会；开办新文字补习班；开办国难教育补习班；举办军事，防毒救护，运用交通工具等常识技术讲习班；举办国难演讲，旅行演讲；组织巡回电影开映团，巡回演讲团，巡回唱歌团，巡回戏剧团，弄堂流通图书馆，马路流通图书馆，乡村流通图书馆；出版大众社会小丛书，大众自然小丛书，大众剧本，大众诗歌，大众小说，大众唱本，大众说书，大众连环画；出版大众国难读本，各级学校国难补充教材；调查各地国难教育之设施及敌人文

---

① 戴伯韬：《“一二八”至“八一三”上海教育界爱国活动记略》，《上海教师运动回忆录》，第 47 页。

② 吴新稼：《教联和国难教育社活动片段》，《上海教师运动回忆录》，第 30—31 页。

化侵略之实况;指导分社及社员团;介绍前进书报"①。广泛而丰富的工
作内容,标志着国难教育社不再是一个只有少数党员和进步群众参与的
组织,它与包括中华书局、麦伦中学、浦东中学、培明女中、余日章三小、绍
芳小学、豫章小学、瑞芳小学等在内的不少学校中的老师、学生,工厂内的
无产阶级劳动大众,基督教男、女青年会及其所办的工人夜校等团体和组
织,都建立了紧密联系。1936 年 5 月 31 日至 6 月 1 日,来自全国二十多
个省市六十余个救国团体的七十余名代表,聚集在上海市圆明园路基督
教青年会全国协会,秘密召开了全国各界救国联合会成立大会。作为教
育界的重要组织,国难教育社积极参与其中,陶行知任该会的常务委员、
研究部部长②。

国难教育社在组织、开展教育活动的同时,也积极参与到抗日救亡的
革命工作中。如在 1936 年 11 月,沪西日商纱厂举行大罢工活动,国难教
育社沪西分社指导员郑伯克同其他领导者便研究如何参与和支援此次罢
工运动。经了解,瑞芳小学国难教育社负责人老方之妻为内外棉七厂发
动罢工的主要成员之一,随即决定由吴新家在厂外与罢工领导人接触,直
接指导他们的斗争活动,还把从上海各界收到 4 400 余元救济工人的捐
款转交给方妻,有力支持了罢工运动取得最终胜利。

1937 年七七事变后,全民族抗战爆发,面对国难当头的危急时刻,国
难教育运动更进一步,发展为战时教育运动。1937 年 9 月,国难教育社
发起参加"上海战时普及教育服务团",举办小学和培训班,宣传抗日救亡
基本知识,编辑、出版《战时教育(旬刊)》以"充实战斗知能,健全集体精
神,提炼战时经验,创造新的文化"③。同一时期,中国共产党和救国会等
抗日救亡组织面对着淞沪战役的发展形势,开始准备建立新的文化基地。

① 《国难教育社工作大纲》,《陶行知全集》第 3 卷,第 680 页。
② 参见周天度:《救国会史略》,周天度、孙彩霞编:《救国会史料集》,中央编译出版社
2006 年版,第 6 页;中共上海市委党史资料征集委员会编:《"一二·九"以后上海
救国会史料选辑》,上海社会科学院出版社 1987 年版,第 80 页。
③ 《战时教育的任务——〈战时教育〉旬刊代发刊词》(1937 年 9 月 25 日),北京市陶
行知教育思想研究会:《陶行知研究》,湖南教育出版社 1987 年版,第 280 页。

在请示中共江苏省委后,决定派刘季平、戴伯韬等骨干社员转移至武汉,继续开展抗战教育活动。10 月,在以董必武为首的中共湖北省工委领导,救国会和爱国民主人士的协助下,发起成立了武汉抗战教育研究会(简称"抗教会")。包括王洞若、戴伯韬、张敬人、王东放、张健、陈光宇等"教联"和国难教育社的重要参与者,也成为其主要领导和骨干成员,这些组织具有一脉相承的直接渊源。

1937 年 11 月 12 日,上海沦陷。此后,国难教育社活动也逐步停止。不过"教联"成员并未就此止步,包括王均予、郑伯克等人,始终继承并发扬着在"教联"时所形成的进步思想和扎实作风,直接投入革命斗争,为中国革命胜利和社会主义事业发展作出卓越贡献。

第六章

"教联"成员考略

　　"教联"成立之初,即初步构建了社员管理制度,其中涉及加入流程、会籍管理、会费缴纳、会员权利和退出机制等内容。然而在白色恐怖统治的严峻环境下,"教联"成员长期面临着被逮捕的风险,组织成员名单一旦不慎流出,整个"教联"将面临"灭顶之灾"。在日常工作中,为确保组织成员安全,参加"教联"只需由党员或盟员介绍即可,并无填写表格等文书工作①,左翼文化运动的领导人更竭尽全力地保护着名单,防止其被敌人获得。许涤新在一次被捕后,"猛然想起有两小张写着'社联'和'教联'盟员名字的名单在我的口袋里,这两张名单如果落入敌人手里,这两个'联盟'的组织将不堪设想,好在当时屋里电灯不亮,我就趁他们在搜查的时候

---

① 黄乃一:《回忆三十年代上海"教联"》,《上海党史资料汇编》第二编(下),第968页。

暗中用右手把口袋里的两张名单捏成一团,趁他们不备,塞进口里,细细嚼后吞下去。这时我在愤怒中才感到有点安心"。①也正因此,"教联"的成员未能在各类历史档案中得见。

尽管"教联"存在的时间相对较短,其与"左联""社联"等左翼文化团体在组织规模和社会影响力上也不可等量齐观,它仍吸引了不少包括进步教师、学生等群体直接或间接地参与其中。为了集中反映"教联"的组织和活动情况,本章基于对各类涉及左翼教育运动及左翼文化运动的回忆录和研究文献等文本的详细梳理,对 1932—1936 年直接加入"教联"的成员,或是曾经参与左翼教育运动的人士,或是在参与左翼文化运动期间同"教联"产生工作联系的成员加以汇总并简要介绍。成员排列以出生年份先后为序。这些仁人志士为发展中国教育事业,推动中国革命走向胜利,做出了巨大贡献,有些人更为此献出宝贵生命。在此向他们表达最崇高的敬意!②

钱亦石(1889—1938),原名城,字介磐,笔名啸秋、史庐、谷荪、白沙、石颠、巨涛、楚囚等,湖北咸宁人。1916 年考入国立武昌高等师范学校。1924 年由董必武、陈潭秋介绍加入中国共产党。大革命失败后,1928 年秘密到达日本东京,和杨贤江、董必武领导东京留学生中的共产党秘密组织。同年 8 月,中央决定他和董必武转往苏联,到莫斯科特别班学习。1930 年回到上海,从事文化活动。1932 年起,经党组织联系,被上海法政学院和暨南大学聘为教授,其间和周扬、阳翰笙、夏衍等领导上海文化界党的秘密组织工作,积极参与"教联"所组织的活动,曾任"社联"党团书记,还与邹韬奋等人组织全国各界救国联合会。八一三事变后,受周恩来指示任第八集团军服务队少将队长。1938 年 1 月在上海病逝。

---

① 许涤新:《风狂霜峭录——上海中央局遭第三次大破坏》,王纪娜、王实理编:《公道在天——王公道 苏酝夫妇纪念文集》,上海人民出版社 2019 年版,第 92—93 页。

② 此部分以 1932—1936 年在上海活动的"教联"成员和左翼教育界人士为主。由于年代久远,许多人士的姓名、出生年份等资料并不详实。本名单依他们的出生年份排列。

　　方与严(1889—1968),原名方昌,字禹言、竹因,安徽歙县人。1927年8月考入晓庄试验乡村师范。后被陶行知派往湘湖师范。1929年回晓庄学校担任校务主任。1930年,任山海工学团主任。1935年加入中国共产党。皖南事变前夕,由党组织安排到重庆育才学校任教务主任,协助陶行知工作。1949年以救国会代表的身份出席第一届全国政协全体会议。新中国成立后,历任教育部初等教育司副司长、民族司副司长等职。

　　黄警顽(1894—1979),上海人。著名出版人,社会交际家。就职于商务印书馆,负责社会交际工作。1947年应徐悲鸿邀请前往北平。新中国成立后,在中央美术学院工会工作。

　　杨贤江(1895—1931),又名李浩吾,浙江慈溪人。马克思主义教育理论家。1917年毕业后到南京高等师范。1921年被商务印书馆聘为《学生杂志》主编。1923年加入中国共产党,参与五卅运动和上海工人三次武装起义的组织工作。大革命失败后,转移到日本,进行革命活动的同时从事社会科学和教育科学的研究及翻译工作。1929年秘密回国后,参与"社联"组织工作,从事党的地下工作和教育科学方面的研究。著有《教育史ABC》《新教育大纲》等著作。1931年7月前往日本治疗疾病,同年8月9日在长崎病逝。

　　江闻道(1900—?),又名江圣逮、江绍文、江朗、江圣达,浙江奉化人。1928年加入中国共产党。1933年夏到河南大学任教,任中共开封市委书记。1938年2月,任中共浙东临时特委委员,回到家乡动员小学教师参加抗日宣传活动。1938年9月,离开奉化回到上海,并成为新闻出版系统党组织成员。1944年任中国歌舞剧社副社长。新中国成立后,历任浙江省文教厅党组成员、浙江省博物馆副馆长等职。

　　严竞成(1901—1981),字循典,又名严钝,贵州印江人。1918年考入贵州省立师范学校。1929年4月以参观生名义住进南京晓庄学校。1930年初开始在校长办公室工作。1932年8月到上海参加"社联",后受陶行知委派负责创办山海工学团。1933年4月加入中国共产党。后长期在各地小学、中学开展抗日救亡和教育活动。1952年4月后任南京东方中学、南京中华女中校长等职,长期在南京教育局、南京教育学院工作。

汪达之(1902—1980),安徽黟县人。1928年秋成为南京晓庄学校的第四期学生。1930年春,受陶行知委派接任新安小学校长。1933年带领新安小学7名学生组建"新安儿童旅行团",由淮安经镇江到上海旅行了50天,引发教育界、舆论界轰动。1935年10月,在"教联"的大力支持和陶行知的慷慨资助下,带领新安小学的14名学生组成"新安旅行团"。1951年主持恢复南京晓庄学校并任校长,后任教育部师范教育司专员,中国文字改革委员会副主任,广东民族学院党委书记、副院长,广东省第三届政协委员等职。

易吉光(1902—1983),又名易璞、易朴,曾用名余卫公,代号老何,湖北宜昌人。1926年12月加入中国共产党。1927年4月任中共宜昌特支书记。1928年到上海工作,任中共上海临时中央局出版部负责人,"教联"成员。后任中共天津市委书记,北方局发行部长,重庆《新华日报》社党总支书记、营业部主任,北方局绥东工作团团长,中共松江省委委员、秘书长,武汉市政府秘书长、副市长,交通部公路设计院副院长等职。

丁华(1903—1969),原名帅昌书,又名帅如先,号儒仙,四川青神人。1926年在北伐军中做政治工作,1927年加入中国共产党。1931年前往南京,后到上海参与筹办"教联",历任组织干事、宣传干事、党团书记、中共上海市临时工作委员会委员等职。新中国成立后,历任政务院人事部三局局长、高等教育部部长助理等职。

林迪生(1903—1997),原名林攸绵,又名林世泽,浙江台州人。1926年在上海读书期间加入中国共产党。1929年春从事工人识字运动,同年秋赴日本留学。1931年秋回到家乡创办泗淋小学。此后四年,参加山海工学团和"教联"的活动,还曾在湖北宜昌、浙江新登等地学校教书并开展革命工作。1936年9月到西安,被分配在中央苏维埃西北办事处教育部徐特立身边工作,任社会教育科科长,后任鲁迅师范学校校长。1941年9月任延安大学教育科长兼高中部主任。1949年,延安大学迁到西安,改名为西北人民大学,任第二部主任。1950年3月调任西北军政委员会教育部副部长。1953 年 3 月调任兰州大学校长。

赵平生(1903—1990),又名赵静、黄则民,浙江义乌人。革命家,教育家,哲学家,语言学家,新闻学家。中国文化大众化的倡导者与实践者,国民党和共产党的义乌地方党组织的创立者之一。1920 年进入浙江省立第七师范就读,1925 年加入中国国民党,同年加入中国共青团,1926 年夏加入中国共产党。1929 年考入上海东亚同文书院。1932 年加入"教联",负责组织工作,1933 年夏被捕。1935 年考入上海商务印书馆任编译人员。1942 年在上海党组织安排到苏北盐阜区的华中局和新四军军部工作。新中国成立后,历任华中建设大学系主任、华东大学代理教务长、华东革大附设工农速成中学校长、中央扫除文盲委员会党组副书记、中国文字改革委员会秘书长、文字改革出版社总编辑等职。

孙铭勋(1904—1961),贵州平坝人。幼儿教育家。早年从事幼儿教育与幼儿心理研究。1933 年加入"教联",1934 年任常委,分管由其创办的中国第一所专为劳动工人开办的"劳工幼儿园"。1935 年加入中国共产党,在上海、贵州等地从事地下工作。同年与戴自俺编写出版中国乡村幼儿教育的教材,开创了中国的乡村幼稚教育道路。新中国成立后,历任西南军政委员会文教部研究员、西南师范学校副教授等职。

田沅(1904—1949),名寿麟,又名田源,湖南长沙人。文艺家田汉之弟。1922 年到船山自修学校念书。1925 年五卅事件后,田汉、田洪、田沅三兄弟一同前往上海,共同参与创办《南国月刊》、南国电影剧社,后赴日本。1930 年被捕,全民族抗战前被释放。后由"剧联"派出到晨更工学团工作。全民族抗战后曾在瓦窑堡抗大学习,并加入中国共产党。1948 年在淮海战役中碾庄一战负伤,后到天津医治无效,于 1949 年 8 月 30 日逝世。

王均予(1905—1978),又名王大权,曾用名王达夫,湖北宜昌人。1923 年在"二七大罢工"的影响下追求革命。1926 年 12 月加入中国共产党。1927 年 4 月任宜昌市总工会秘书长。11 月任中共宜昌市委秘书长。大革命失败后,1928 年 3 月至 4 月任中共湖北宜都县委临时书记。1931

年7月到上海寻找党组织。1932年加入"教联",同年7月重新加入中国共产党。1933年任中共临时中央局出版部第三科科长。1935年7月至1936年12月任中国青年同盟负责人。1936年12月至1937年11月担任中共广州市委书记兼外县工委书记。新中国成立后,历任中南总工会秘书长,广东省劳动局副局长、局长、党组书记,中国科学院广州分院副院长等职。

许涤新(1906—1988),曾用名许声闻,方治平、渤若,广东揭阳人。1933年毕业于上海商学院,并加入中国共产党。曾任"社联"研究部副部长、宣传部部长、党团书记,"文委"委员,"文总"组织部部长等职,并代表"文总"负责联系"教联"。新中国成立后,历任上海工商行政管理局局长、复旦大学经济研究所所长、中共中央统战部秘书长兼中央私营企业局局长、中国社会科学院副院长、汕头大学首任校长等职。

毛达恂(1906—1959),湖南长沙人。1919年考入湖南第一师范。1925年受聘于共产党创办的湘江中学,在该校工作的李维汉、谢觉哉等引导下加入共产主义青年团。不久,被派到五美乡领导农运,1926年冬加入中国共产党,翌年初任中共长沙县十八区区委书记。1930年辗转到上海,后以教师身份参与革命活动。1936年负责国难教育社沪南区组织工作。后辗转武汉、大连等地参与革命工作,历任中共大连市委第一副书记兼大连市市长,中共湖南省委统战部副部长等职。

于伶(1907—1997),原名任锡圭,字禹成,江苏宜兴人。中国著名剧作家、导演、演员。1926年赴苏州第一师范求学,同年加入中国共产主义青年团。1927年开始从事戏剧活动。1930年考入北平大学法学院。1932年参加"左联",任组织秘书,并筹建了"剧联"北平分盟,以戏剧、文学活动的方式,开展反帝反封建的爱国活动,同年加入中国共产党,长期从事左翼电影戏剧的创作和理论工作。1933年调至上海工作。1934年4月兼任"文总"组织秘书,并列席"文委",分工领导"剧联""教联""语联"。6月被派往杭州建立"文总"及"社联""左联""教联"分盟。新中国成立后,历任国营上海电影制片厂厂长、上海市文化局局长、上海戏剧学院院长等职。

戴伯韬(1907—1981),曾用名戴邦杰,化名白征东、戴邦,笔名白桃、许宗实,江苏丹阳人。1928 年毕业于南京晓庄学校,曾在无锡民众教育学院、惠山实验小学任教。1931 年到上海,编辑《儿童》《师范》《生活教育》杂志和《儿童科学丛书》。全民族抗战爆发后,参与发起成立"抗战教育研究会",任常务理事,在武汉、重庆主编《战时教育》杂志。新中国成立后,历任华东文化教育委员会委员、上海市文化教育委员会副主任、人民教育出版社副社长兼总编辑等职。

马侣贤(1907—1974),又名肖生,安徽合肥人。1923 年考入安徽省立第六师范。1927 年 4 月考取南京晓庄学校。一·二八事变后来到上海,协助陶行知筹备山海工学团,后任首任团长。1946 年参加中国民主同盟。新中国成立后,历任中国民主同盟上海市委常委、上海市第一届人民委员会委员、北郊区副区长、民盟北郊区支部主任委员、宝山县政协副主席、行知中学校长等职。

刘季平(1908—1987),原名刘焕宗,笔名力花、满力涛、藜藿等,江苏如皋人。1927 年加入中国共产党。曾任中共晓庄学校支部书记、中共南京市委宣传部部长。"教联"成立后任首任总务(书记)。新中国成立后,历任上海市人民政府秘书长、副市长兼中共上海市委教育卫生工作部部长,中共山东省委书记处书记,中共安徽省委书记处书记,教育部副部长、代理部长,北京图书馆馆长,文化部顾问等职。

戴自俺(1909—1994),贵州长顺人。1928 年春考入晓庄学校,毕业后在南京、上海、安徽、北京等地从事幼儿和师范教育工作。曾参与山海工学团、育才学校的教学工作。1935 年加入中国共产党。新中国成立后,历任教育部民族教育司教学指导处处长、北京市陶行知研究会副会长、中国陶行知研究会常务理事等职。

王洞若(1909—1960),原名王义田,江苏丹徒人。1927 年 3 月考取陶行知创办的晓庄试验乡村师范。1933 年春加入"教联",同年 11 月加入中国共产党。1934 年任"教联"常委,分管西区工作,联系山海工学团、小沙渡路女工夜校。1935 年在徐明清被捕后接任"教联"党团书记。1936 年 1 月奉命与张劲夫组建国难教育社，丁华被捕后继任党团书记。1942 年后因病长期修养，1960 年 12 月病逝，后被批准追认为革命烈士。

郑伯克（1909—2008），四川沐川人。1927 年开始参与中国共产党领导的进步活动，1929 年 8 月加入中国共产主义青年团。1933 年赴上海，先后任"社联"江湾区委书记、"记联"常委兼宣传部部长、"教联"沪西区委书记、国难教育社总干事等职。1935 年 7 月加入中国共产党。1937 年后任中共中央东南分局秘书、新四军南昌办事处秘书长。1938 年后，任中共四川省工委委员、川康特委常委兼宣传部部长、云南省工委书记、中共滇桂黔边区党委副书记、中国人民解放军滇桂黔边纵队副政委等职。新中国成立后，历任中共中央西南局委员、西南军政委员会委员、中共云南省委委员、组织部部长、省纪委书记、省委党校党委书记、省委秘书长，中组部老干部局局长，中组部顾问，中央保健委员会副主任等职。

竺扬（1910—1994），浙江奉化人。曾任宁波地区学生联合会代主席。1927 年参加南昌起义，并随军向南，后负伤回到浙东，在宁波、上海等地继续从事党的秘密工作。1933 年由江闻道介绍加入"教联"。新中国成立后，任华东财委新建、利民二公司总经理、上海海员技术学校副校长、上海海员大学副校长等职。

王尧山（1910—2005），原名宋书模，江苏溧阳人。1931 年加入中国共产党，1932 年经何谷天介绍加入"左联"。1934 年任"左联"党团组织部部长。1935 年任"教联"党团书记。后任中共江苏省委委员、组织部部长，华中局组织部科长，华东局城工部副部长等职。新中国成立后，任中共上海市委组织部副部长、部长，中共上海市委常委、秘书长，中共上海市纪律检查委员会书记，中央纪律检查委员会委员等职。

韩念龙（1910—2000），原名蔡仁元，贵州仁怀人。1929 年毕业于遵义三中，后来到上海进入中国公学学习，主攻美国经济。1935 年春加入"教联"，是雍文涛加入"教联"的介绍人之一。1936 年 3 月加入中国共产党。1938 年秋，在上海崇明岛参加了抗日游击队。1949 年 12 月进入外交部,历任驻巴基斯坦、瑞典大使,外交部部长助理兼办公厅主任、外交部副部长等职。

林云峡(1910—1986),福建南安人。1926年春到马来西亚谋生,1931年秋回国,同年考入陈嘉庚先生出资兴办的厦门集美试验乡村师范学校。1932年6月参加"反帝大同盟"。1933年返乡教书,担任奎霞小学教师、校长,实践陶行知的"生活教育"思想。1936年2月,在上海参加国难教育社。后受陶行知委派,前往越南堤岸暨南实验中学任教务主任,因组织学生开展抗日游行示威活动,被法国殖民当局遣送回国。此后被派遣至广东普宁梅峰中学担任教务长。全民族抗日战争爆发后,返回上海参加救亡运动,任国难教育社联络员。解放战争时期,先后担任江苏沙沟县委宣传部部长、溱潼县委宣传部部长、组织部部长、县委副书记等职。新中国成立后,历任中共安徽省委办公厅副主任兼秘书处处长、辽宁省侨联第三届副主席、鞍山市侨联第二届主席、鞍山钢铁公司党委副书记、副经理、鞍山市人大常委会副主任等职。

陈处泰(1910—1937),又名惘之、望之、道之、开泰、处慈、舒迟等,江苏宝应人。1928年在安徽大学读书时,秘密组织"马克思主义研究会",在11月的学生运动中被推举为代表与蒋介石进行面对面斗争,后遭开除学籍、通缉。次年底进入上海政法学院就读,参加"社联",并在沪东地区从事工人运动。一·二八事变后,筹资开办公道印刷厂,承印《红旗》等秘密刊物。1932年3月至4月间被捕,后被释放。1934年加入中国共产党。曾作为"文总"代表领导"教联"工作。1935年2月任"社联"党团书记,后任"文总"党团书记。同年11月被捕。1937年于南京就义。

陈鹤亭(1910—1994),浙江临海人。1933年毕业于上海吴淞中国公学大学部,曾参加晨更工学团,后前往临海县战时抗日救亡工作队等革命工作。新中国成立后,历任桃渚区水利委员会副主任、区武装部委员、椒江轮船管理委员会副主任、临海县政协副秘书长、县各界人士代表会议常务委员,县人大第一至三、五至七届代表,县政协第一至四届常委,县政协第二届、五届、六届、七届、八届提案审查委员会副主任,县政协第五至第八届委员等职。

张泉林(1911—2008)，广东南海人。曾任新兴教育社广州分社负责人。1937年毕业于上海大夏大学，1941年在中山大学研究生毕业，1945年加入中国共产党。1958年暨南大学在广州重建时，任筹备委员会办公室副主任、学校办公室主任、教务处处长等职。1978—1982年参加暨南大学复办工作，历任暨南大学秘书组组长、董事会副秘书长、党委统战部部长、华侨研究所副所长等职。

徐明清(1911—2008)，曾用名徐一冰、徐明、徐瑛，浙江临海人。1926年加入中国共产主义青年团，1929年加入中国共产党。1932年10月，受陶行知委派，参加创办晨更工学团，并成为负责人。曾任共青团南京晓庄学校学生支部书记、"教联"常委、晨更工学团主任。1935年4月中旬，因被叛徒出卖而被捕。1936年6月经组织和陶行知营救被释放出狱，后前往西北革命根据地。1936年后，任中共西安市委委员兼妇委书记、陕甘宁边区妇联主任、中共中央妇委委员。新中国成立后，历任农业农村部人事司副司长、中共中央农村工作部干部处副处长、国务院农林办公室教育处副处长、农业农村部教育局顾问等职。

孙达生(1911—?)，本名宋秉全，曾用名宋介农、孙万发，因在地下工作期间像孙悟空一样不断改变身份和姓名，得雅号"孙大圣"，便用"孙大圣"谐音"孙达生"作为名字并一直沿用，吉林双辽人。1933年夏至1934年冬担任"教联"常委、组织委员，主持"教联"沪西区委党团工作，并领导复旦、光华、大夏、交大等几所大学的"教联"工作。1934年冬调任江苏省委工作，后经杜重远和高崇民介绍，由上海到西安受到东北军将领王以哲的热情接待，并委任为少校秘书。他借助在东北军工作为掩护，拜访军中高级军官，共议抗日救国主张，与高崇民等人秘密印制《活路》小册子分发宣传抗日反蒋。后前往"抗大"五分校任政治教员。新中国成立后，历任沈阳农学院副院长，北京农业机械化学院副院长、副书记，北京农业工程大学副校长等职。

王翰(1911—1981)，原名陈延庆，又名王一民、王墨林，江苏建湖人。

1930年考入上海交通大学。1931年参加革命,1932年5月加入中国共产党。土地革命战争时期,任上海交通大学党支部书记,"社联"常委、组织部部长(联系"教联"),"文总"党团成员,江苏省临时委员会委员、群众委员会书记。抗日战争时期,任湖北省委委员、省委秘书长、工运部部长,鄂西北区党委书记,新四军豫鄂挺进纵队政治部副主任,新四军第五师政治部副主任,豫鄂边区党委委员。1943年底因病离职休养。解放战争时期,任中共中央城工部副部长。新中国成立后,历任中南行政委员会监察委员会主任,监察部常务副部长、党组副书记、司法部顾问等职。

陈鸿儒(1912—1990),湖北宜昌人。私立宜昌四川中学学生,受到校内共产党组织的革命思想影响,参与进步活动。后到上海参加山海工学团和晨更工学团,曾任晨更工学团共青团支部书记、沪西区委书记。1936年返回宜昌。

黄敬(1912—1958),原名俞启威,又名俞大卫,浙江绍兴人。1930年在上海参加南国社。1932年加入中国共产党,曾任山东大学地下党支部书记。1933年任中共青岛市委宣传部部长。1933年夏由于叛徒出卖被捕入狱,出狱后到上海治病,并积极参加革命活动,其间曾在晨更工学团短期工作。1935年到北平,后考入北京大学数学系,12月参与领导一二·九运动。1937年2月任中共北平市委书记。1938年春任冀中区党委书记。1942年秋调任冀鲁豫区党委书记,后任中共中央平原分局书记、平原军区政委。1946年任晋察冀边区区财经办事处主任,中共晋察冀中央分局副书记、晋察冀军区副政委等职。1948年夏任中共中央华北局委员、华北军区后勤司令部政委、华北人民政府企业部部长。新中国成立后,历任中共天津市委副书记、天津军管会副主任,中共天津市委书记兼市长,第一机械工业部部长、党组书记,国务院科学规划委员会副主任,国家技术委员会主任兼第一机械工业部部长等职。中共八大当选为中央委员。

雍文涛(1912—1997),贵州遵义人。1928年7月至1929年4月在贵州大学专修科读书。1934年8月考入上海暨南大学,入学后不久便由韩念龙、周林介绍加入"教联"。1935 年 11 月加入中国共产党。新中国成立后,历任东北人民政府计委秘书长、物资分配局局长、林业部部长,东北财委副主任,林业部副部长、森林工业部副部长,中共中央中南局常委兼秘书长,中共广东省委书记处书记兼广州市委第一书记、市政协主席,国务院文教办公室副主任,中共中央宣传部副部长,中共北京市委书记,中共广东省委常委、省委书记,教育部副部长、党组副书记,林业部副部长、党组副书记,林业部部长、党组书记,林业部顾问,中央顾问委员会委员等职。

袁超俊(1912—1999),又名严皋、严高,贵州桐梓人。1930 年加入中国共产主义青年团。1936 年加入中国共产党。曾在晨更工学团工作。历任贵州共产主义青年同盟领导人,贵州司机工会主席,上海职业界救国联合会常务干事,上海工人救国会主席,上海全国救国会第二届执行委员会代表,八路军武汉办事处副官长、湘乡八路军临时办事处负责人、衡阳等地办事处负责人,八路军贵阳交通站站长、党支部书记,重庆中共南方局秘书等职。1943 年 6 月随周恩来到达延安,并在杨家岭周恩来处工作。1945 年在中共第七次代表大会秘书处工作。1946 年 7 月任中共南方局四川省委秘书长。11 月后,经周恩来安排赴上海从事秘密工作和到香港组建华润公司并开展贸易工作,先后任华润公司党支部书记、华润公司副经理、华润公司(含招商局、三联书店)党总支书记,同时承担电台机要工作直至新中国成立。新中国成立后,历任纺织工业部办公厅主任,纺织工业部机械制造局局长,中国国际旅行社总经理,中国旅行游览事业管理总局副局长、党组副书记、代书记等职。

周林(1912—1997),贵州仁怀人。1928 年春考入遵义贵州省立第三中学。1932 年 10 月加入中国共产主义青年团。1934 年秋到达上海,后担任共青团沪西区委书记,在青年学生中开展抗日救亡的宣传工作。是雍文涛加入"教联"的介绍人之一。1936 年加入中国共产党。新中国成立后,历任教育部党组副书记、副部长、顾问,北京大学党委书记,南京大学党委书记兼校长,中共中央西南局书记处书记,中共贵州省委第一书记兼省长等职,为全国人大第一、二、三、五、七届代表,中国共产党第十二、十三届中央顾问委员会委员。

陈企霞(1913—1988),又名陈华,浙江鄞县人。1925年进入宁波甲种商业学校。1931年开始发表小说、散文,次年至上海,与叶紫共同创办无名文艺社,出版《无名文艺旬刊》和《无名文艺月刊》。1933年加入"左联",同年加入中国共产党。曾由"左联"派往晨更工学团参加工作。1940年到延安,曾参加延安文艺工作座谈会。1945年加入华北文艺工作团,华北文工团并入华北联合大学后,任联大文艺学院文学系主任,参与编辑《北方文化》《华北文艺》等刊。新中国成立后,历任全国文联副秘书长、文协秘书长,《文艺报》副主编、主编,杭州大学中文系教师,中国作家协会浙江分会副主席,《民族文学》杂志主编等职。

柴川若(1914—2004),原名柴玉玺,山西河津人。1933年加入共青团,曾任晨更工学团共青团支部宣传委员。1936年11月加入中国共产党。抗日战争时期,历任山西新军第51团政治指导员、宣传股股长,八路军第115师教导二旅政治部副科长等职。解放战争时期,历任山东滨海一军分区政治部宣传科科长,东北一师政治部宣传科科长、直属政治处主任、一团政治委员等职务。天津战役后,调任中国人民解放军第49军(原第12纵队)政治部宣传部部长。抗美援朝时期,曾任中国人民志愿军突破三八线先遣支队政治委员。1955年9月被授予上校军衔。1964年3月晋升为大校军衔。获三级独立自由勋章、二级解放勋章。1964年5月任中共北京市委工业交通政治部主任,北京市政协常委。

胡夏青(1914—2002),原名胡穗新,江苏盐城人。胡乔木胞妹。毕业于暨南大学,曾任中共暨南大学支部副书记。1934年起参加"教联"活动,在工人识字班、妇女学校等地任教师。1936年加入中国共产党,后前往延安,长期活跃于教育战线,任石家庄师范学校校长,天津市第三中学校长等职。

徐佩玲(1914—1990),上海人。1934年经徐明清介绍加入中国共产党,同年经"教联"指派前往杨树浦夜校任初级班教员,长期在上海从事地下革命工作。新中国成立后任中共洋泾区委委员、上海总工会女工部副部长、中共长宁区区委委员、上海市纺织工业局科研处处长等职。

张修（1914—1992），别名达璐、允修，广西北海人。1926 年在广州读中学，参与左翼文化团体在广州的活动。1934 年春由广州来到上海，同年加入中国共产党，先后参加"社联""教联"的工作，曾受徐佩玲委托负责浦东女工夜校的工作。后离开上海，曾在广东紫金小学、东莞国声小学、广州战时文化服务团任教员、团员，后前往广西南宁、桂林从事抗日文化工作，任职于业余剧团和省艺术馆音乐部。1941 年参加新四军，先在苏北鲁迅艺术学院学习，后至苏中三旅服务团、县委、地委任教员、队长、总支书记等职。新中国成立后在江苏省无锡市总工会、福建省漳州市总工会、上海市委办公厅等处任职，1956 年起任上海师范专科学校、上海第二师范学院、上海师范学院组织部副部长、监委副书记、组织部部长等职。

邹慧珍（1914—1968），又名邹以文、邹明、徐惠，江苏武进人。1929 年在上海"女青年会"开办的夜校学习。1933 年 5 月由同学许洁宝介绍加入"教联"。1936 年 5 月加入中国共产党。新中国成立后担任贵州省平坝县天龙区副区长、县妇联副主任等职。

张劲夫（1914—2015），原名张世德，安徽肥东人。1934 年由王洞若介绍加入"教联"，曾任"山海工学团"第二任团长。1935 年冬加入中国共产党。1936 年 1 月，奉命与王洞若组建国难教育社。新中国成立后，历任中共浙江省委常务委员兼浙江省人民政府财政经济委员会主任，华东军政委员会财政经济委员会副主任，地方工业部副部长，中国科学院党组书记、副院长，财政部部长，中共安徽省委第一书记，安徽省省长兼安徽省军区第一政治委员，国务委员兼国家经济委员会主任，中国共产党第八届中央候补委员，第十一、十二届中央委员，第三、四届全国政协常务委员。在党的十三大上当选中央顾问委员会常务委员。

张新华（1916—1941），奶名彩宝，曾化名凌兰、张惠琴，浙江吴兴人。1932 年秋以免费读书的方式进入私立南浔中学。1936 年积极响应陶行知组织的国难教育社和《国难教育方案》，和同伴纷纷来到郊区、乡村，开办农民识字班,实行陶行知所提倡的"小先生制"的义务教育方法,由此赢得乡亲的敬爱,被称为"小先生"。后走上革命道路,1938年冬加入中国共产党。1941年被捕就义。

黄乃一(1916—2018),曾用名黄小平,重庆江津人。1934年12月加入中国共产党,1933年5月参加"社联",1934年5月转入"教联"工作。1938年3月至9月在延安抗日军政大学第五大队学习,任宣传干事。1939年9月任太行第三分区辽县独立团政治处主任。1945年11月至1947年10月任东北航校副政治委员、政治部主任。新中国成立后历任空军政治部青年部部长,中国民用航空局、中国民用航空总局政治部副主任、主任等职。中共十二大当选为中纪委委员。

刘峰(1916—2018),原名汤锦,又名汤仲良、汤寿龄,安徽凤阳人。1929年6月参加共产主义青年团。1933年初来到上海,1934年开始在量才补习学校学习。1935年秋加入"教联",受郑伯克直接领导。1936年6月加入中国共产党。1937年11月任上海学生运动委员会书记。1942年6月到南京恢复和开辟党的工作,任中共南京工作委员会书记。抗战胜利后任中共南京市委副书记。南京解放后,先后任南京市财经接管委员会副主任、敌伪物资清理处副处长、工商局副局长、财政局局长、财政经济委员会副主任,江苏省计划委员会副主任、主任,财贸办公室副主任、代理主任,中央南京市委常委、革委会副主任,中共南京市委副书记、市政协主席、市人大常委会主任,中共南京市顾问委员会副主任等职。

王东放(1917—1945),原名王桂爱,又名王高奎、王东方,江苏丹徒人。1932年由王洞若介绍至山海工学团任小先生,1933年初调至晨更工学团任教。同年上旬加入共青团,后任晨更工学团团长。1935年11月加入中国共产党。1936年任沪东分团党支部书记、沪西区分区党支部书记。抗日战争时期先后调至湖北、四川等地从事革命工作。1945年秋,于成都南门外八里桥因交通事故去世。

吴新稼(1918—2003),原名吴莘生,湖北宜昌人。1933年加入"教联",曾在晨更工学团任小先生,1936年6月任国难教育社沪西分社支部书记,1936 年 7 月加入中国共产党。受国难教育社指派,于 1937 年 9 月 3 日成立孩子剧团,任团长、支书。新中国成立后,历任国家体委宣传司副司长、中国社会科学院研究生院副教务长等职。

张健(1919—2011),安徽肥东人。张劲夫胞弟。1935 年 11 月参加革命,在山海工学团加入中国共产党,任党团干事、党支部书记。1936 年 12 月任国难教育社沪西区工人工作委员会委员、党团干事。1938 年 9 月到延安中央党校马列学院学习。1941 年 2 月起先后担任延安马列学院宣传研究室、中央教育院研究室、陕甘宁边区政府研究室主任、研究院等职。解放战争时期被派往东北工作。新中国成立后,历任教育部(高教部)初等教育司副处长,办公厅统计研究室研究员、主任,计划司副司长,办公厅研究室研究员、主任,北京市劳动局革委会副主任、党组副组长,清华大学党委副书记、副校长,教育部党组成员、中国教育协会副会长等职。

杨应彬(1921—2015),笔名杨石,广东大埔人。1935 年秋,由王洞若、王东放介绍加入"教联"和山海工学团,任儿童部负责人,1936 年 6 月加入中国共产党,时年不满 15 岁,被安排在周恩来直接领导下的中共特别支部工作。新中国成立后,先后担任广州市军管会副秘书长,广东省人民委员会办公厅主任,中共广东省委副秘书长,中共广东省委常委、秘书长,广东省第五、六届政协副主席、党组书记等职。为中共十二、十三大代表,全国政协第七、八届委员。

史继勋,"教联"成员,通讯社记者,于量才补习学校介绍刘峰加入"教联"。

柯尔达,真名不详,共产党员,"文总""左联"成员,在上海从事文学工作。在"文总"工作期间,曾以主持人身份参与到为中央苏区编写小学教材的工作,代表"文总"与"语联"联系。1932 年介绍王均予加入中国共产党。

王大个子,真名不详,苏北人,工人,晨更工学团成员,积极参加革命游行活动,多次被捕。

左翼教育运动的历史意义

　　翻阅各类史料、回忆录不难发现,除左翼教育运动亲历者外,很多人对"教联"知之甚少。加之与"教联"相关的历史资料保存并不完整,更缺乏完整的资料汇编,为后人在研究"教联"与左翼教育运动的历史意义时,增添了极大难度。这些都成为目前学界缺乏对"教联"专门研究的重要原因。然而,在瀚如烟海的历史档案、回忆录等历史文献中,我们仍发现了"教联"留下的痕迹。回顾"教联"近四年的活动历程,以及解散后其主要成员在全民族抗战爆发前的主要活动,其活动时间虽总体不长,但左翼教育人士的不懈奋斗和左翼教育运动取得的重要成果,无疑值得后人铭记。其积极作用主要有以下三方面:

　　其一,"教联"领导的左翼教育运动,不仅是20世纪30年代中国共产党领导的左翼文化运动中的重要构成,更成为这一时期中国共产党人对探索如何发展教育事业的重要实践。在理论研究方面,"教联"成立后,旗下成员积极学习马克思列宁主义和新兴教育理论,自觉以马克思主义理论武器从教育产生、发展的根源角度去分析教育问题、社会问题,对帝国主义、封建主义教育进行深入批判,对马克思主义教育理论的研究愈发深刻;在实践活动方面,"教联"直接领导了包括工人夜校、补习班等不少面向劳苦大众的教育组织,积极筹建、参与了山海工学团、晨更工学团等工学团组织,并对成立初期的新安旅行团提供了大力支持。"教联"的一系列深刻实践,为近代上海教育事业的发展增添了浓墨重彩的一笔。

其二,"教联"聚集了一批教育界精英人才。其中既包括刘季平、徐明清、王洞若等长期追随陶行知先生的晓庄学子,也有吴新稼、杨应彬等来自全国各地的进步知识分子。陶行知本人也大力支持"教联"开展的一系列活动,并在物质条件和活动场地等方面给予积极协助。值得一提的是,在"教联"的引导和培养下,不少进步青年自此走上革命救国、教育救国的道路,并成为此后推进中国教育事业发展的中坚力量。其中的代表人物,就包括原北京大学党委书记、南京大学党委书记兼校长周林,原兰州大学校长林迪生,原北京农业工程大学副校长孙达生,原中央扫除文盲委员会党组副书记、中国文字改革委员会秘书长赵平生等人。

其三,在20世纪30年代的严峻社会环境下,"教联"同其他左翼文化团体一道,通过开展政治宣传、发动广大群众等方式,共同加入中国共产党在国统区领导的革命斗争中。"教联"曾多次组织、参与散发传单、张贴标语及飞行集会、游行示威等活动,宣传主题包括反对国民党当局压制进步文化、剥夺人民民主权利,要求停止对中央苏区和工农红军的军事"围剿",宣传中国共产党的抗日主张等。"教联"成员在参与此类活动时,往往面临着被捕甚至牺牲的风险,但他们从未退缩。在长期的斗争实践中,也锻炼出了一支由知识分子组成的坚强革命队伍,为揭穿国民党当局媚外独裁的真面目,推动抗日救亡不断深入,发挥了重要作用。

然而,在肯定"教联"所取得成绩的同时,也要充分认识其在活动中存在的某些不足：一方面，受到"左"倾错误影响，"教联"在一段时期内存在过度"政治化"的活动方式和较为明显的关门主义倾向，不少"教联"成员对参与政治活动的热情和重视程度，甚至高于本应是中心任务的教育活动。正如 1936 年刘少奇在《怎样进行群众工作》中表明，"我们许多同志……对于各种团体原来的任务根本没有兴趣，忘记它，抛开它，把一切学术团体、文化教育团体、同乡会等变成单纯的政治机关。结果，这些团体不是自己塌台，就是受到敌人的打击。我们公开工作的地盘也就因而愈加缩小了"①。这种与文化团体、群众组织不相符的工作特征，导致"教联"成员招募时要求过"左"，不少活跃于教育界人士难以加入其中。"教联"对教育界人士的吸引、团结和引领作用，未能充分发挥。

另一方面，"教联"的活动时间虽贯穿整个左翼文化运动，却在客观上未能取得如"左联""社联"那般广泛的社会感召和历史影响。正如刘少奇在总结白区群众组织工作经验时认为，"学术团体必须研究学术，文化教育团体必须办文化教育工作……要真正广大的组织群众，必须……争取群众组织与群众运动的自由，尽量的广泛的利用现有一切公开与半公开的可能"②。然而在白色恐怖统治下，国民党当局极为重视对各类学校的管制工作，对于各级各类学校中开展的各类进步活动始终秉持敌视态度。回顾各类历史资料中不难发现，作为活跃于教育领域的革命文化团体，"教联"成功兴办了不少工人夜校、补习班，客观上组织了不少工人群众，由此也留下了相对较多的历史资料。然而受限于严峻的社会环境及成员的相对不足，"教联"在各类官办学校中力量相对薄弱，难以通过公开或半公开形式推进左翼教育运动，或是大规模招募学生成员，这成为制约"教联"拓展自身影响力的重要原因。

回望这段发生在九十余年前的左翼教育运动，我们不仅感慨，左翼教育人士所竭力实现的为大众提供受教育机会的奋斗目标，早已成为每个

① 刘少奇：《怎样进行群众工作——给群众工作的同志们一封信》（1936 年 10 月 15 日），《建党以来重要文献选编（1921—1949）》第 13 册，第 327 页。
② 同上书，第 332—333 页。

公民所享有的基本权利。教育是提高人民综合素质、促进人的全面发展重要途径，如何在今天发展好教育事业，推动教育工作高质量发展，成为新时代教育工作者所面临的关键课题。为此，了解"教联"在中国教育史上的积极作用，探寻中国共产党对左翼教育运动的领导经验，对当下便有着重要借鉴意义。

左翼教育运动大事记

(1930—1937 年)

1930 年

2 月　由杨贤江完成的《新教育大纲》一书完成出版印刷,后来此书成为"教联"的重要学习教材之一。

3 月 2 日　中国左翼作家联盟("左联")在上海正式成立。

4 月 5 日　南京晓庄学校师生在地下党组织领导下,参与反帝爱国游行示威,支援工人革命活动。陶行知支持这一行动,保护受迫害的学生。

4 月 7 日　国民党当局以印发反动传单为由,封闭南京晓庄学校。

4 月 12 日　南京晓庄学校被国民党军警强行查封,陶行知遭到通缉,后前往上海。

10 月中旬 陶行知前往日本避难。

10 月 在"文委"领导下,中国左翼文化总同盟("文总")于上海成立,成为领导、协调左翼文化运动发展的重要机构。潘汉年任党团书记。

1931 年

3 月下旬 陶行知由日本返回上海。

夏 陶行知发起"科学下嫁运动",把科学通俗地介绍给儿童和大众。创办自然学园、儿童科学通讯学校。开始组织编辑《儿童科学丛书》《大众科学丛书》等科学普及读物。

8 月 9 日 杨贤江在日本长崎去世。

年末 瞿秋白撰写《苏维埃的文化革命》一文,确定左翼教育运动的工作目标。

1932 年

年初 刘季平到上海,与"文总"领导人会面,促成"教联"成立。

2 月 22 日 国民党当局宣布撤销对陶行知的通缉令。

4 月 17 日 "教联"成立,成立大会在上海八仙桥基督教青年会举行。刘季平任"教联"成立后首任总务(书记),丁华任宣传委员。颁布《中国新兴教育社纲领》与《中国新兴教育社章程》。

4 月 25 日 《文艺新闻》刊载"教联"成立的新闻报道。

5 月 21 日 陶行知开始在《申报》的《自由谈》专栏连续发表《古庙敲钟录》,提出他的教育主张。次年成书出版。

6 月 陶行知创办儿童科学通讯学校。

同月 刘季平被捕,丁华接任"教联"党团书记。

7 月 徐明清经丁华介绍加入"教联",负责沪西区工作。

7 月 30 日 陶行知在上海沪江大学以《国难与教育》为主题发表演讲,提出要对付国难,就须以教育为手段,使我们的力量起了变化,把不能对付国难的力量,变成能够对付国难的力量,这才能达到目的。

10 月 1 日 践行陶行知"工学团"理念的"山海工学团"正式成立。马侣贤任首任团长,后由张劲夫接任。

10 月 为继续扩大工学团的影响,陶行知安排徐明清在北新泾镇东南陈更村七号组建晨更工学团。在筹备初期,为支持晨更工学团的发展,陶行知特派晓庄学校进步学生代表王洞若前来协助。

11 月 陶行知呈文宝山县政府,申请山海工学团立案,正式名称为"私立山海实验乡村学校"。

年底 中共上海中央局出版部旗下外围组织"中国青年反帝大同盟"(简称"中青")成立,主要任务是推销一些党的理论书籍和刊物,开展进步书刊的发行工作,组织读书会,开展理论学习等。

本年度 "教联"组织多次飞行集会,规模达几百人甚至上千人。

1933 年

1 月 中共临时中央迁往瑞金中央苏区,后成立中共上海中央局。

秋 申报馆总经理史量才先生创办申报业余补习学校,为青年男女职工、学徒等群体提供了学习环境,李公朴先生受聘担任校长。

秋 棉花工学团成立,陶行知、张劲夫担任顾问。

10 月 汪达之组织新安小学 7 名学生组成"新安儿童旅行团",由淮安经镇江到上海旅行了 50 天,在教育界、舆论界引起轰动。

12 月 21 日 上海警备司令部发动突然袭击,逮捕上海各大学进步学生一百余人,"教联"等左翼文化团体遭到严重打击。

1934 年

2 月 16 日 陶行知创办《生活教育》,任主编一职。

3 月 在晨更工学团工作的陈企霞、柴若川、王东放、袁俊超等人被捕,后经党组织营救出狱。

春 许涤新代表"文总"参与对"教联"的联系工作。

7月16日 陶行知发表短文《行知行》,认为"行是知之始",将名字"知行"改为"行知"。

11月13日 史量才遭国民党特务暗杀,申报业余补习学校改名为量才业余补习学校。

冬 "教联"旗下二十余名成员发动飞行集会,宣传中国共产党抗日主张。

1935 年

1月 在"文总"指挥下,"教联"成员参加纪念一·二八淞沪抗战三周年示威活动。

2月19日 中共上海中央局机关遭严重破坏,包括"文委"书记阳翰笙等36人被捕。

春 刘峰结识"教联"成员史继勋,以发起办壁报和校友会为起点,开展量才业余补习学校学生的群众活动,量才补校学生就此有了党的间接领导,此后开展了以团结进步同学为目的的班会和读书会,以及上街游行、散发传单的活动,取得较大影响。

7月 中共上海临时中央局、共青团中央遭到严重破坏。"文委""左联"等组织与上级党组织失去联系。

8月1日 中共驻共产国际代表团通过《中国苏维埃政府、中国共产党中央为抗日救国告全体同胞书》(《八一宣言》),不久公开发表。宣言提出停止内战,组织国防政府和抗日联军,抵抗日本帝国主义势力的侵略行径。

10月 与上级失去联系的"文委""文总"自行重组恢复,选出周扬为"文委"书记,成员有章汉夫、沈瑞先、钱亦石、吴敏。胡乔木任"文总"书记,成员有邓洁、王翰。

10 月 10 日 以宣传抗日救亡为目的的少年旅行团体——新安旅行团正式成立。在"教联"主要领导人丁华、王洞若的积极联系,以及陶行知、邹韬奋等人的直接支持下,旅行团获得一定援助。新安旅行团活动时间长达 17 年,范围遍布全国 22 个省市区,行程 2.5 万多公里。

10 月 25 日 第 11 期《文报》刊登"文总"及其领导下的各联盟重新制定的纲领,其中包括"教联"新纲领——《中国新兴教育者联盟纲领草案》。

12 月 9 日 北平爆发一二·九学生爱国运动,上海的群众性抗日救亡活动也日益高涨。

12 月 27 日 上海文化界救国会成立,陶行知被推选为执行委员兼教育委员会主任。中国共产党在其中成立党团,钱俊瑞为书记。

12 月 左翼文化运动领导人在萧三来信后,遵循其指示,正式解散"左联"。"教联"等左翼文化团体也在此后相继解散。

本年度 中国青年反帝大同盟开始在教育界扩大工作,决定在沪东工人区开辟工作基地,后由钟民、戴季康创办沈家滩识字学校。

1936 年

年初 陶行知提出"国难教育"的口号,起草《国难教育方案》,对国难教育的目标、对象、教师、非常课程、组织、文字工具和方法等多个方面进行论述。

1 月 6 日 上海文化界救国会通过《国难教育方案》,大力支持陶行知关于"国难教育"的设想。

2 月 23 日 国难教育社成立大会召开,原"教联"和"中青"的成员转入其中。同年春夏间,"教联"与"中青"内部的共产党组织也进行整合,成立中共大场区委员会,原"教联"王洞若任党团书记,原"中青"林一心担任组织委员(后担任书记)。

5 月底 新安旅行团到达上海,上海艺术家和文化界人士纷纷为他们授课。

5 月 31 日至 6 月 1 日　全国各界救国联合会成立大会在上海召开，发表《全国各界救国联合会成立大会宣言》和《抗日救国初步政治纲领》。宣言强调，全国各界救国联合会是"一个全国统一的联合救国阵线"，现阶段的主要任务是"促成全国各实力派合作抗敌"。宣言向各党各派建议，立刻停止军事冲突，立刻派遣正式代表进行谈判，制定共同抗敌纲领，建立一个统一的抗敌政权。

6 月　国难教育社沪西区党支部成立，吴新稼、林琼、陈痕任支委，其中，吴新稼为支部书记，陈痕为组织委员，林琼为宣传委员。党支部成立时共有 11 名成员。

7 月　陶行知受全国各界救国会委托，前往 28 个国家和地区开展抗日救亡宣传活动。

8 月　《生活教育》停刊。

10 月　国难教育社党团书记丁华被捕，后由王洞若接任。

11 月　从事生活教育的同志编辑出版月刊《生活教育研究会会刊》，至 1937 年 12 月先后共出版 8 期。

本年度　国难教育社举办为期两周的教师讲习班，致力于提升小先生的文化科学水平及育人本领。

1937 年

春　国难教育社成员先后编辑出版《生活教育论集》《国难教育实施法与指导》《国难教育面面观》等著作。

夏　国难教育社举办第二期教师讲习班。

7 月　七七事变后，国难教育社的主要工作转为开展战时教育运动。

9 月 25 日　《战时教育》正式创刊，在上海共出版 4 期。

9 月　国难教育社发起参加"上海战时普及教育服务团"。

10 月　在中共中央动员下，刘季平等国难教育社成员先后离开上海，转移至武汉继续工作。

主要参考文献

一、历史文献、回忆录汇编类

1. 中共中央文献研究室、中央档案馆编：《建党以来重要文献选编（1921—1949）》，中央文献出版社 2011年版。

2. 中央档案馆编：《中共中央文件选集》，中共中央党校出版社 1990 年版。

3. 中共中央党史研究室第一研究部译：《联共（布）、共产国际与中国苏维埃运动（1931—1937）》，中共党史出版社 2007 年版。

4. 中共中央党史研究室编：《中共党史资料》第 31 辑，中共党史资料出版社 1989 年版。

5. 周天度、孙彩霞编：《救国会史料集》，中央编译出版社 2006 年版。

6. 中国第二历史档案馆编：《中华民国史档案资料汇编》，江苏古籍出版社 1994 年版。

7. 中华民国史事纪要编辑委员会：《中华民国史事纪要（初稿）》，中华民国史料研究中心，1972 年印。

8. 中共上海市委党史研究室编：《上海党史资料汇编》，上海书店出版社 2018 年版。

9. 项伯龙主编：《中共上海市教育系统党史文集：青春的步伐——解放前上海大中学校学生运动史专辑》，同济大学出版社 1999 年版。

10. 中共上海市委党史资料征集委员会主编：《上海职业补习学校学生运动史(1931—1949)》，1991 年印。

11. 政协上海市普陀区委员会文史资料委员会编：《上海市普陀区文史资料》第 2 辑，1991 年印。

12. 政协上海市宝山区委员会文史资料委员会编：《宝山史话》，1989 年印。

13. 中共上海市委党史资料征集委员会编：《“一二·九”以后上海救国会史料选辑》，上海社会科学院出版社 1987 年版。

14.《革命史资料》1986 年第 1 期，上海人民出版社 1986 年版。

15. 上海历史研究所教师运动史组编：《上海教师运动回忆录》，上海人民出版社 1984 年版。

16. 中国人民政治协商会议上海市委员会文史资料工作委员会编：《文史资料选辑》第 5 辑，上海人民出版社 1979 年版。

17. 中共北京市委党史研究室，中共天津市委党史资料征集委员会编：《北方左翼文化运动资料汇编》，北京出版社 1991 年版。

18. 中共北京市委党史研究室编：《北京地区抗日运动史料汇编》，中国文史出版社 1990 年版。

19. 中国人民政治协商会议湖北省委员会文史资料研究委员会编：《湖北文史资料》1988 年第 2 辑。

20. 中国人民政治协商会议宜昌市委员会文史资料委员会编：《宜昌

百年大事记(1840—1949)》,中国三峡出版社 1994 年版。

21. 中国人民政治协商会议湖北省宜昌市委员会文史资料研究委员会编:《宜昌市文史资料》第 3 辑,1984 年印。

22. 中国人民政治协商会议湖北省宜昌市委员会文史资料研究委员会编:《宜昌市文史资料》第 5 辑,1986 年印。

23. 上海鲁迅纪念馆编:《纪念与研究》第 2 辑,1980 年印。

24. 上海鲁迅纪念馆编:《纪念与研究》第 3 辑,1980 年印。

25. 上海鲁迅纪念馆编:《纪念与研究》第 7 辑,1985 年印。

26. 中国社会科学院文学研究所《左联回忆录》编辑组编:《左联回忆录》,中国社会科学出版社 1982 年版。

27. 史先民编:《中国社会科学家联盟资料选编》,中国展望出版社 1986 年版。

二、著 作 类

1.《马克思恩格斯选集》,人民出版社 2012 年版。

2.《列宁选集》,人民出版社 2012 年版。

3. 中共中央文献研究室编:《毛泽东文集》,人民出版社 1993 年版。

4.《陈独秀文章选编》,生活·读书·新知三联书店 1984 年版。

5.《李大钊全集》编委会编:《李大钊全集》,河北教育出版社 1999 年版。

6. 逄先知主编:《毛泽东年谱 1893—1949》,中央文献出版社 2005 年版。

7. 袁永松主编:《伟人毛泽东》,红旗出版社 1997 年版。

8. 本书编写组:《中国共产党简史》,人民出版社 2021 年版。

9. 中共中央党史研究室编:《中国共产党的九十年》,中共党史出版社 2016 年版。

10. 中共中央党史研究室:《中国共产党历史》第 1 卷(1921—1949),

中共党史出版社 2011 年版。

11. 胡绳主编:《中国共产党的七十年》,中共党史出版社 1991 年版。

12. 中共上海市委党史研究室、上海市档案局(馆)主编:《日出东方:中国共产党诞生地的红色记忆》,世纪出版集团、上海锦绣文章出版社 2014 年版。

13. 中共上海市委党史研究室编:《上海教师运动史(1919—1949)》,中共党史出版社 2007 年版。

14. 中共上海市委党史研究室编:《1921—1933:中共中央在上海》,中共党史出版社 2006 年版。

15. 中共上海市委党史研究室编纂:《中共上海党史大典》,上海教育出版社 2001 年版。

16. 中共上海市委党史研究室:《中国共产党上海历史》第 1 卷(1921—1949),中共党史出版社 2022 年版。

17. 中共江苏省委党史工作办公室:《中国共产党江苏历史》第 1 卷(1921—1949),中共党史出版社 2021 年版。

18. 方明主编:《陶行知全集》,四川教育出版社 2020 年版。

19. 张东:《陶行知职业教育思想研究》,西南交通大学出版社 2017 年版。

20. 刘恩铭:《伟人陶行知》,北京交通大学出版社 2016 年版。

21. 陆建非主编:《陶行知在当代:陶行知教育思想探索研究文集》,上海教育出版社 2015 年版。

22. 夏德清、武素月:《陶行知》,群言出版社 2014 年版。

23. 周洪宇:《陶行知生活教育学说》,湖北教育出版社 2011 年版。

24. 北京市陶行知教育思想研究会:《陶行知研究》,湖南教育出版社 1987 年版。

25. 中国陶行知研究会编:《陶行知教育思想研究文集》,人民教育出版社 1985 年版。

26. 曹先捷:《陶行知一生》,湖南教育出版社 1984 年版。

27. 江苏省陶行知教育思想研究会编:《纪念陶行知》,湖南教育出版社 1984 年版。

28. 中央教育科学研究所、厦门大学合编:《杨贤江教育文集》,教育科学出版社 1982 年版。

29. 张泉林:《张泉林教育文集(续集)》,2003 年印。

30. 中共上海市委党史资料征集委员会、中共上海市委党史研究室、中共上海市委宣传部党史资料征集委员会编:《上海革命文化史略》,上海人民出版社 1999 年版。

31. 张广海:《左联筹建与组织系统考论》,浙江大学出版社 2018 年版。

32. 孔海珠:《左翼·上海:1934—1936》,上海文艺出版社 2003 年版。

33. 陈彩琴:《"音乐小组"与左翼音乐运动》,上海人民出版社 2021 年版。

34. 乔丽华:《"美联"与左翼美术运动》,上海人民出版社 2016 年版。

35. 王锡荣:《"左联"与左翼文学运动》,上海人民出版社 2016 年版。

36. 孔海珠:《"文总"与左翼文化运动》,上海人民出版社 2016 年版。

37. 吴海勇:《"电影小组"与左翼电影运动》,上海人民出版社 2014 年版。

38. 曹树均:《"剧联"与左翼戏剧运动》,上海人民出版社 2014 年版。

39. 王纪娜、王实理编:《公道在天——王公道 苏酝夫妇纪念文集》,上海人民出版社 2019 年版。

40. 上海市黄浦区档案局(馆)编:《印象八仙桥》,同济大学出版社 2016 年版。

41. 顾国华编:《文坛杂忆》(全编四),上海书店 2015 年版。

42. 徐明清:《明清岁月:徐明清回忆录》,中共党史出版社 2014 年版。

43. 邵雍:《中国近代妇女史》,合肥工业大学出版社 2013 年版。

44. 孟庆春、陈冠任:《红色中枢:深层解说中央机关和高层领袖们的风云往事》,中共党史出版社 2012 年版。

45. 吴永贵:《民国出版史》,福建人民出版社 2011 年版。

46. 苏智良主编:《上海城区史》,学林出版社 2011 年版。

47. 张云:《潘汉年传》,上海人民出版社 2006 年版。

48.《薛暮桥回忆录》,天津人民出版社 2006 年版。

49. 刘峰:《革命一生——刘峰回忆录》,南京出版社 2005 年版。

50. 袁鹰、姜德明编:《夏衍全集》(文学),浙江文艺出版社 2005 年版。

51. 中共河南省委党史研究室编:《郭晓棠纪念文集》,河南人民出版社 2004 年版。

52. 王玉树:《解读鲁藜诗歌札记》,天津教育出版社 2003 年版。

53.《王尧山文稿选》,上海科学普及出版社 2000 年版。

54. 郑伯克:《白区工作的回顾与探讨——郑伯克回忆录》,中共党史出版社 1999 年版。

55.《王翰传》编写组:《王翰传》,人民出版社 1999 年版。

56. 朱云、王路平主编:《王洞若文集》,北京市陶行知研究会 1998 年印。

57. 陈模编:《战火中的童年——孩子剧团团员的故事》,同心出版社 1997 年版。

58. 简化生:《难忘烽火岁月情》,时事出版社 1997 年版。

59. 中共上海市委党史研究室编:《潘汉年在上海》,上海人民出版社 1995 年版。

60. 上海市浦东新区史志征集编纂室、上海市浦东新区烈士陵园管理所编:《浦东新区英烈传》,华东理工大学出版社 1994 年版。

61. 江苏省如东县政协文史资料委员会编:《纪念刘季平文集》,书目文献出版社 1990 年版。

62. 陈明、陈强、林铭纲编:《烽火五万里——回忆新安旅行团》,中国城市经济社会出版社 1989 年版。

63. 许涤新:《风狂霜峭录》,生活·读书·新知三联书店 1989 年版。

64. 上海市新四军历史研究会、淮安市新安旅行团历史陈列馆编:《风云五万里——新安旅行团画册》,上海人民美术出版社 1989 年版。

65. 聂大朋:《新安旅行团的故事》,中国展望出版社 1986 年版。

66. 夏衍:《懒寻旧梦录》,生活·读书·新知三联书店 1985 年版。

67. 徐懋庸:《徐懋庸回忆录》,人民文学出版社 1982 年版。

三、报 刊 文 章

1. 王敦善:《上海大场工学团概况》,《教育与中国》第 6 期,1935 年。

2. 晋启生:《由晓庄到工学团》,《教育与中国》第 7、8 期,1935 年。

3.《冯雪峰谈左联》,《新文学史料》1980 年第 1 期。

4.《阿英忆左联》,《新文学史料》1980 年第 1 期。

5. 王锡荣:《左联是怎样解散的? ——兼论鲁迅和左联》,《新文学史料》2016 年第 2 期。

6. 王锡荣:《"左联"研究的六个陷阱》,《文汇报》2016 年 3 月 7 日。

7.《诞生在抗战烽火中的"游学天团"》,《新华每日电讯》2021 年 6 月 4 日。

图书在版编目(CIP)数据

"教联"与左翼教育运动/庞博著;中共上海市委
党史研究室编.—上海:上海人民出版社,2024
(上海左翼文化研究丛书)
ISBN 978-7-208-18513-5

Ⅰ.①教… Ⅱ.①庞… ②中… Ⅲ.①教育史-研究
-中国-近代 Ⅳ.①G529.5

中国国家版本馆 CIP 数据核字(2023)第 160648 号

责任编辑 赵　伟
封面设计 范昊如　夏　雪等
特约编辑 丁　辰

上海左翼文化研究丛书
"教联"与左翼教育运动
庞　博 著
中共上海市委党史研究室 编

出　　版　上海人民出版社
　　　　　　(201101　上海市闵行区号景路 159 弄 C 座)
发　　行　上海人民出版社发行中心
印　　刷　上海商务联西印刷有限公司
开　　本　720×1000　1/16
印　　张　9.5
插　　页　2
字　　数　126,000
版　　次　2024 年 6 月第 1 版
印　　次　2024 年 6 月第 1 次印刷
ISBN 978-7-208-18513-5/G·2168
定　　价　50.00 元